Asuntos con Raíz

*Buscando mas profundo para descubrir tu
verdadero yo…*

Autora:
Mayra León

Traducido por:
Amilcar Jiménez-Gómez, MBA

Editado por la Autora:
Evelynne Rosario: I.W.S.

authorHOUSE®

AuthorHouse™
1663 Liberty Drive
Bloomington, IN 47403
www.authorhouse.com
Teléfono: 1-800-839-8640

Traducción: Amílcar Jiménez-Gómez, MBA
Editora: Autora, Evelynne Rosario
Diseño interior: Isaiah R McKee

Primera edición en español publicada por AuthorHouse 6/24/2011

ISBN: 978-1-4634-0944-9 (sc)
ISBN: 978-1-4634-0943-2 (hc)
ISBN: 978-1-4634-0942-5 (e)

Numero de la Libreria del Congreso: 2011908753

Impreso en los Estados Unidos
Impreso en papel libre de ácido.
Algunas imágenes de archivo©Thinkstock.

Asuntos con Raíz

Buscando mas profundo para descubrir tu verdadero yo...

Autora Mayra León

Dedicatoria

Le dedico este libro a mi esposo, Luis León; a nuestros siete hijos maravillosos: Jeremy, Jazly, Elijah, Joy, Jirah, Jonathan y Jeriah y a mi primera nieta, Amari. Espero que siempre sepan que son el regalo de Dios para mí.

No puedo olvidar a Janiece y a Life —mis dos preciosos regalos en el cielo; *Siempre estarán en mi corazón.*

Reconocimientos

Primero que todo, quiero agradecer a DIOS (Padre, Hijo y Espíritu Santo), quien es mi padre, mi mejor amigo y mucho, mucho más. El me ha mantenido, El ha tenido mucha misericordia conmigo y me ama incondicionalmente. ¡Yo lo Amo…!

Quiero también dar unas gracias especiales a mi amiga de siempre Elizabeth Quiñones-Maldonado, quien fue la avenida que DIOS utilizó para guiarme hacia ÉL. Tienes un lugar muy especial en mi corazón.

También a mis primeros pastores y padres espirituales, Denis y Malen Soto. Les estaré eternamente agradecida.

Y unas gracias muy especiales y bendiciones a todos aquellos que creyeron en mí.

Mami y papi, los amo…

Tabla de Contenido

Introducción

¿Alguna vez te has preguntado como se afecta el crecimiento de los árboles según como se han sembrado? ¿Alguna vez has pensado cuan alto será ese árbol? ¿Durará para siempre? Todas las posibles explicaciones y expectativas sobre tu futuro árbol puede que no ocurran si el árbol no se siembra correctamente desde el principio.

Es un error muy común el sembrar tu árbol muy profundo. Muchas personas piensan que el sistema de raíces del árbol se extiende muy profundamente en la tierra, cuando es un hecho que el 90% de las raíces de un árbol se encuentran en los primeros dos pies de profundidad en la superficie del terreno. Es aquí donde el agua, los nutrientes y el oxígeno son más abundantes para que las raíces los puedan absorber. Si siembras tu árbol muy profundo es probable que las raíces tengan que buscar y crezcan hacia arriba, hacia la superficie para poder alcanzar la abundancia de nutrientes que el árbol necesita. Una vez que las raíces hacen un cambio en su patrón de crecimiento, es muy poco probable que vuelvan hacia atrás, a su patrón original. De hecho, en la mayoría de las ocasiones, las raíces comienzan a darle vueltas y a enredarse en la porción del tallo que está enterrada. Es aquí en donde todo comienza a ir mal. Si la raíz se enreda en el tallo, entonces ambos, raíz y tallo crecerán más grandes; uno obstruirá al otro y entonces el tallo pierde y la raíz gana. Cuando las raíces obstruyen el tallo, éste comienza a "ahogarse" y no puede soportar el resto del árbol. Por ende, los nutrientes, el agua y el aire que las raíces están absorbiendo no pueden alcanzar todas las partes del árbol. Es como si el árbol se estuviera estrangulando *Esto también puede causar puntos débiles en donde el árbol puede partirse (quebrarse) durante una tormenta.* Antes de que siembres tu árbol, tienes que eliminar las malas hierbas; de lo contrario es sólo cuestión de tiempo antes de que éstas vuelvan a crecer. Si te descuidas, pueden apoderarse de toda el área en donde crecen.

Nosotros somos como los árboles que pueden dar buenos frutos, malos frutos o simplemente ningún fruto. Nos podemos quebrantar durante una tormenta o mantenernos firmes. Las personas honradas son como árboles plantados a las orillas del río —aun en tiempos de sequía siguen produciendo buenos frutos y sus hojas nunca se secan (Salmos 1:3). Durante una tormenta, nos podemos doblar o balancearnos, pero siempre nos mantenemos en pie. "Después de haber hecho todo por permanecer, continua permaneciendo..." (Efesios 6:13-14).

Estuve embarazada durante siete meses, cuando de repente me enteré que mi bebé no estaba vivo. Los doctores no podían encontrar el latido del corazón del bebé, así que me ingresaron rápidamente al hospital para hacerme un sonograma. Los doctores encontraron que mi bebé había muerto. Me preguntaron si quería que me indujeran el parto o dejar que la naturaleza siguiera su curso. No podía creer por lo que estaba pasando, así que les pregunté si me podía ir a casa y pensarlo. Me fui a casa sumamente enojada a orar. Esperé alrededor de una semana para ver si Dios hacía un milagro, pero nada ocurrió. Entonces decidí regresar y pedir que me indujeran el parto.

Después de cuatro horas de dolores de parto y fiebres, por fin parí el bebe. Era una niña muy pequeña, que pesaba sólo alrededor de una libra y varias onzas. Nació morada. Mientras tomaban el bebé, me preguntaron si quería darle un entierro regular. Por supuesto yo dije que "Sí". Le hicieron una autopsia y encontraron que la bebé murió debido a que la placenta no le estaba dando suficiente oxigeno. Ella hubiese sido mi tercer hijo.

Esto puede darles una idea de lo que puede realmente ocurrir cuando uno no se alimenta adecuadamente. Como pueden ver, en el caso de mi hija, ella no murió instantáneamente, sino que fue una muerte lenta. No había suficiente de lo que ella necesitaba para crecer. No debes tomar tu vida espiritual a la ligera.

Debes mirar a los Asuntos de Raíz y lidiar con ellos para tu propio crecimiento. Si estás fuera de la voluntad de DIOS, serás miserable y eventualmente morirás espiritualmente.

No estarás satisfecho y no podrás vivir una vida plena. Recuerda las Escrituras en donde) Jesús dice: ..*"Yo soy la vid y vosotros las ramas que de ella salen. Fuera de Mi, no podrán producir buen fruto..."* (Juan 15 - NVI).

Mi hija Janiece estaba nuevamente en mis brazos, en la funeraria. Mi esposo está llevando a cabo el servicio funeral y me pidió que le diera la niña para ponerla en el ataúd; no obstante, no la podía soltar. Tenía tanta ira que no había hablado con nadie – ni siquiera con mi esposo– durante una semana. Yo estaba detrás de una cortina, donde nadie me podía ver. Estaba agarrando a Janiece fuertemente en mis brazos, y de la nada, una visión se apareció frente a mis ojos. En esa visión Jesús estaba agarrando la mano de Janiece y ella tenía una hermosa sonrisa. Entonces Jesús me preguntó, *"¿En dónde preferirías que ella esté?"* Realmente tuve que tomar un tiempo para pensar. Tenía que estudiar la situación y las condiciones de su vida en esta tierra. Finalmente contesté que "en el cielo", era el mejor lugar –un lugar sin dolores. Y ÉL dijo: *¡"Entonces déjala ir para que esté en un mejor lugar. La podrás ver nuevamente en el Paraíso. Ella no está muerta, sino bien viva...!"* En ese momento una lluvia de paz se derramó sobre mí –una paz que sobrepasa el entendimiento humano. Un velo fue removido de mis ojos y pude verla como un cadáver. Realicé que Janiece ya no estaba en ese cuerpo, ¡sino que estaba en un lugar mejor...! Entonces le dije a mi esposo que estaba lista para soltarla.

Igual que una placenta saludable es imprescindible para el crecimiento de un bebé, así es DIOS para nuestro espíritu, nuestra alma y nuestro cuerpo.

"Asuntos con Raíz", no es un asunto de mujeres, de hombres, de jóvenes, de viejos o de cristianos; es un asunto de la realidad.

Capítulo 1

Directo a la Raíz

Se que muchas personas tienden a ignorar la introducción de un libro. Por favor, vuelva hacia atrás y leala, porque le dará una mejor idea de lo que se trata en este libro. Hay una gran revelación en la introducción.

En Marcos 11: 12-14, JESÚS pasa por el lado de un árbol de higos y vio que no tenía ni un solo higo; entonces lo maldijo. En los versículos 20 al 21, podemos ver que el árbol murió inmediatamente. Cuando JESÚS le dijo a las raíces que se secaran y murieran, así lo hicieron. Las raíces que están en nuestro corazón y que han causado que estemos estancados, entorpecidos, que fallemos y que no avancemos; esas son las situaciones que no nos permiten ser libres. JESÚS puede maldecirlas desde la misma raíz, si nosotros nos miramos en el espejo firmemente, admitimos, nos arrepentimos, nos rendimos y permitimos que ÉL tome el control. ¡ÉL es FIEL!

En la historia de JESÚS con la mujer samaritana (Juan 4:1-31), JESÚS usa las cosas prácticas de este mundo para envolverla en una conversación. Piénselo por un momento: si JESÚS le hubiera estado hablando a Pedro, ÉL hubiera utilizado la pesca; para Mateo hubiera utilizado impuestos; para Lucas hubiera utilizado medicina; pero para esta mujer, cuyo trabajo era sacar agua del pozo diariamente, EL utilizó agua. ÉL no sólo bajó al nivel de ella alcanzándola con algo que ella entendiera y con lo que estaba familiarizada; ÉL también aprovecho el momento para cruzar algunas palabras con los religiosos de la época. ÉL decidió que para poder alcanzar a esta mujer, tendría que entrar en el territorio del enemigo. También, ÉL era un hombre judío hablando con una mujer de otra cultura, lo cual no era permitido. Era como cuando Jesús curó durante el "Sabbath" (día de reposo) y cruzó las fronteras por el bien de la causa. Después de todo, los religiosos estaban acostumbrados al viejo vino y Jesús era el "Nuevo Vino" (Lucas 5). JESÚS vino con una nueva enseñanza, a la cual los religiosos no estaban acostumbrados. ÉL era radical y los religiosos no lo podían entender. Así que era muy fácil

11

para JESÚS, ser *visto* como "el que rompía todas las reglas". ¡DIOS quiere que nos "salgamos de la caja; que rompamos con las limitaciones"!

Los Judíos y Samaritanos eran enemigos y tenemos que ser como JESÚS y amar a los perdidos y a *nuestros* enemigos. Recuerde, nuestros enemigos no necesariamente son enemigos de DIOS. El hecho de que JESÚS, un hombre judío, hablara con esta mujer Samaritana era un escándalo para todo aquel que supiera las reglas (vea Juan 4:9, 27, 31).

Entonces, ¿por qué pasar por todo esto? ÉL tenía que tener un mandato del Cielo para ministrar específicamente a esta mujer, y por ende, a través del testimonio de esta mujer cambiar los corazones de otros.

Yo creo que ÉL quería romper las barreras de cualquier cosa que lo limitara para alcanzar a las personas rechazadas, a un mundo que está perdido y muriendo. Su Gracia está disponible para todos nosotros, no importa que pecado hayamos cometido. DIOS quiere dedicarte tiempo; ÉL mueve las cosas a tu alrededor sólo para llamar *tu* atención. ÉL hará lo que tenga que hacer para bregar con aquellas cosas que puedan crear obstáculos en tu vida. ÉL te ama demasiado, como para dejarte igual.

Ahora JESÚS a estimulado el apetito de esta mujer Samaritana, dejándole saber que si ella bebe del "*Agua de Vida*", ella nunca volverá a tener sed. Entonces ella reclamó: ¡"dame de esa agua de vida"! En el versículo 16, JESÚS responde: "Id y traedme a tu esposo." ¿Qué?, espera un minuto, ¿qué tiene que ver una cosa con la otra? ÉL era el "*Agua de Vida*". ÉL se le estaba ofreciendo a ella. ÉL le estaba ofreciendo al DIOS Todo Poderoso, una vida espiritual, una vida eterna, alegría, paz, prosperidad, esperanza, amor y todos los beneficios que se obtienen de sólo servirle a ÉL. No obstante, antes de que le pudiera hacer esta oferta, ÉL tenía que trabajar con los "asuntos de raíz" de esta mujer. ÉL necesitaba que ella se humillara y aceptara la verdad y entonces DIOS podía trabajar de su parte. Recuerde que "la verdad nos hará libres..." (Juan 8:32). Sólo cuando un alcohólico admite que tiene un problema, es cuando obtendrá la ayuda que busca. De acuerdo a este pasaje, la mujer Samaritana no sólo vivía en fornicación (sexo fuera del matrimonio), sino que había tenido cinco esposos anteriores. ¿Cinco esposos?, ¿Por qué cinco esposos? ¿Cuál era el misterio de esa mujer? Las siguientes podrían ser algunas de las razones por la que esta mujer ha pasado por cinco matrimonios: quizás ella era de tipo celosa, quizás era del tipo perezosa y desaliñada, quizás del tipo controladora, o tal vez era del tipo perversa, o tímida o quizás del tipo adúltera. ¿Podría haber alguna causa en contra de ella para que estuviera desesperada por un compañero y no poder esperar por el tiempo de DIOS? ¿Serían esos cinco hombres el problema? Algo tenía que estar mal. En este punto, JESÚS tenía que sacar esta parte de su corazón que necesitaba ser sanada y corregida y la cual era probablemente la causa de sus fallos y su descontento.

La mujer Samaritana necesitaba *admitir* y dejar que DIOS trabajara con ella. Ella confesó sus situaciones y reconoció quien era DIOS. Ella estaba lista para que DIOS trabajara en ella y se rindió. JESÚS, como el perfecto caballero que era, continuó la conversación con ella sobre la riqueza de Jacob, lo que me demostró que ÉL no estaba intimidado y mucho menos con coraje. ÉL sólo quería descubrir cuales eran sus asuntos de manera que ella las reconociera, se humillara, admitiera, confiara y creyera que ÉL va a ayudar a poner su vida en orden y a darle del *"Agua de Vida"* que no le dejaría tener sed nunca más. Como resultado de este encuentro, ella corrió y anunció a otros que vinieran a conocer a JESÚS y así lo hicieron. Ella se convirtió en evangelista en su pueblo natal, los cuales son enemigos de los Judíos –Samaria (2 Reyes 17:22-18:12).

JESÚS dijo que nosotros haremos cosas más grandes que las que ÉL hizo (Juan 14:12-13), entonces, ¿por qué no vemos a los muertos ser resucitados, o a los ciegos viendo o a los inválidos caminando (Isaías 21)? Yo creo que *una* de las razones es porque tenemos asuntos de raíces.

Has vivido de esta manera por tanto tiempo, o has visto a otros cristianos, pastores o a tus padres vivir de esta manera, que se ha convertido en algo común para ti. Quizás ha estado dormido dentro de ti, pero como no ha habido ninguna crisis obvia, ¿por qué despertarlo y exponerlo? Estos *"Asuntos de Raíz"* son los que nos impiden tener una relación mucho más fluida y mejor con DIOS y con los demás. Estas situaciones, cuando no se resuelven, nos estancan (detienen) en nuestro crecimiento y nos impiden recibir bendiciones.

Hace un tiempo atrás, DIOS me dijo que mi llamado era similar al llamado de Jeremías. Jeremías 1: 4-10 nos habla de no sentir temor de decir lo que ÉL nos ha llamado a decir. En el versículo 10, ÉL específicamente dice que "ÉL me ha dado autoridad sobre naciones y reinos para desarraigar y echar abajo, destruir y eliminar, para construir y para plantar. Yo entiendo como Jeremías se sentiría cuando DIOS continuaba dándole mensajes que parecían ser negativos. Muchas veces, DIOS me revela algo negativo sobre alguien. Entonces comienzo a rogarle a DIOS, "Por favor SEÑOR, ¿tengo que decirles?" A veces no tengo que hacerlo, porque ÉL sólo quiere que entienda con la situación con la que estoy trabajando o para que ore. Pero la mayoría de las veces, tengo que hacerlo. Cuando tengo que hacerlo, es porque DIOS está listo para llevarlos por el proceso de liberación o restauración. Queda de parte del individuo si el o ella lo admiten tal como lo hizo la mujer Samaritana. No obstante, DIOS es el DIOS de los Asuntos de las Raíces y tarde o temprano ÉL los expondrá, principalmente para el beneficio de ese individuo.

Por consiguiente, mi trabajo es desarraigar y exponer lo malo, de forma que puedas darte una buena mirada en el espejo y reconocer tus asuntos. Después de haber hecho esto, puedes arrepentirte y pedirle a DIOS que te ayude a cambiar. Ten por seguro que DIOS te replantará o hará salir lo bueno que siempre ha habido dentro ti, pero el proceso depende de ti.

Es magnífico ser salvo con sólo aceptar lo que Jesús hizo en la cruz; no obstante, saber que ÉL quiere llevarte a otro nivel con ÉL. ÉL quiere verte completamente libre.

Pastora Mayra, cuando escuché su testimonio por primera vez, tuvo un gran impacto en mí. Yo vi que a pesar de mi pasado negro, DIOS puede utilizarlo para darle luz a otros. Vi su oscuridad convertirse en luz. Vi que Jesús puede hacerlo. Gracias por su honestidad y su caminar virtuoso en el SEÑOR Jesucristo. Muchas gracias por inspirarme como mujer, madre y esposa.

Los asuntos reales de hoy día, expresados sin secreteos. Pastora Mayra, gracias por exponer su propia vida para aquellos que están en necesidad, lo que muchas personas no se atreven a hacer. Esto testifica que hay una manera de confrontar los *Asuntos con Raíz* a través de JESÚS."

Nellie de Newark, New Jersey

Capítulo 2

Enfrentando nuestro pasado

En la historia de José en el Viejo Testamento de la Biblia (Génesis, capítulos 37 al 47), el fue a través del rechazo, los celos y otras situaciones con sus hermanos. Después de haber sido puesto en un pozo durante la noche, ser vendido como esclavo a Egipto y haber sido separado de su padre a quien amaba profundamente, José fue puesto en prisión por falsas acusaciones levantadas por la esposa de su amo en Egipto, Potifar. Después de haber sido moldeado en Egipto durante años, haber roto con su propia forma de ver las cosas, básicamente dejar de ser él mismo y pasar de ser un joven a ser un hombre adulto, finalmente él se convirtió en uno de los líderes más importantes en todo Egipto –la mano derecha de nada menos que el Faraón mismo.

DIOS honró a José por su lealtad y su compromiso con ÉL. José se negó a doblegarse a cualquier cosa que no fuera de DIOS o a adorar a cualquier ídolo en esa ciudad. El se rehusó a ceder a las seducciones de la esposa de Potifar. El rehusó vengarse, aun teniendo todas las oportunidades para hacerlo.

José está ahora en una posición muy poderosa. DIOS mismo arregló la situación para que José estuviese en esa posición, por lo que estaba por venir en el futuro de José y su familia en la tierra de Canaán, de donde José era originario.

Entonces, luego que José vivió por años en una tierra extraña y haberse convertido en un individuo completamente nuevo, DIOS nunca se olvidó de las injusticias que se habían cometido en contra de su siervo. Ves, DIOS es justo. La Biblia establece que todo aquello que es escondido, será sacado a la luz y cada secreto será conocido (Lucas 12:2, VCI). DIOS, como siempre, tenía un plan, pero tenía que estar seguro de que José no se mantuviera con sus antiguos pensamientos y creencias que tenía cuando era un joven en Canaán. DIOS esperó que José creciera, no sólo física sino también espiritualmente y en carácter. Ahora que José estaba listo, DIOS quiere utilizarlo poderosamente. Comenzó permitiéndole tener el favor del principal mandatario de la región –el Faraón. Entonces no sólo lo posicionó para que fuera bendecido, sino para que fuera de bendición para otros. Entonces, sin que José se lo esperase y sin realizar cuan importante esto sería en su vida, de repente, DIOS envió a sus hermanos para que se reencontraran con José en una manera en la que ninguna de las partes supiera lo que estaba pasando y mucho menos, sin saber el encuentro que estaban por tener.

Justo cuando piensas que todo va bien con José y que su pasado ya se había retirado de su vida hace mucho tiempo atrás, ¡PUM...!, DIOS tuvo que trabajar con ciertos asuntos que existían, no sólo en el corazón de José, sino en el corazón de sus hermanos y de su padre.

Yo creo que José pensó que se había liberado de él mismo y pensó que lo habían colocado en un lugar superior, pero aún tenía que trabajar con el asunto de la falta de perdón que existía en su corazón.

Posiblemente, el se había puesto en el corazón que no volvería a ver a sus hermanos más y que tendría que dejarlos ir. No obstante, no fue hasta que DIOS trajo a sus hermanos de vuelta y los puso frente a frente, que las emociones de José volvieron a surgir. Puedes ver esto como en el momento en que José toma su tiempo para revelar quien es él ante ellos; él tenía ira y lloró durante un tiempo mientras tuvo que lidiar con sus hermanos. Puedes apreciar esto cuando finalmente él se expone a su a su familia (después de muchos años y de haberse adaptado a la cultura Egipcia, aun no estaba re-organizado), y se desmorona en llanto y sollozos. Es en este momento de su vida, cuando José se enfrenta con la pregunta: ¿Qué vas a hacer con tus hermanos?

Algunas veces pensamos que lo "hemos dejado pasar", pero no es hasta que DIOS nos pone cara a cara con los asuntos, que realmente sabemos como vamos a reaccionar.

Gracias a DIOS que José decidió perdonarlos. Con esa acción, DIOS no sólo restauró y le devolvió a su familia, sino que DIOS permitió que su padre Jacobo, conociera la verdad acerca de la desaparición de José. DIOS permitió que los hermanos de José se inclinaran ante él en señal de reverencia hacia su posición y como símbolo de humildad y humillación por los pecados que habían cometido. José incluso pudo sacarlos de una tierra que había sido abatida por el hambre para que pudieran vivir en abundancia. Algunas veces podemos ver mejor las cosas a través de las situaciones crueles e injustas en nuestra vida. DIOS nunca deja las cosas a medias.

Observemos a Jacobo, el padre de José, antes de que ocurriera toda la situación entre José y sus hermanos. El pasó por un escenario con su propio hermano Esaú (el mayor de los dos). Jacobo decide engañar a Esaú para que no obtuviera sus derechos de nacimiento ni todas sus bendiciones, así que Jacobo tuvo que irse a vivir con un familiar porque cuando Esaú se enterara de lo ocurrido, lo mataría (Génesis 25:19-28:5). En esa época, los *"derechos de nacimiento"* significaba que todo era del hermano mayor.

Después de años de vivir fuera de su casa, Jacobo, quien ya se había casado y tenía hijos y era próspero, entiende que DIOS lo estaba llamando para que regresara al lugar de donde había salido. No obstante, hacía años que él no veía a Esaú, pero sabía que tendría que confrontar la situación algún día. Esaú era el temor más grande de Jacobo (Génesis, Capítulo 32).

Jacobo se estaba preparando para enfrentar a Esaú, así que decidió enviar una avanzada de sus sirvientes para que colmaran a Esaú de regalos y lo apaciguaran. No obstante, en medio de su viaje, Jacobo se detuvo a orar y suplicarle a DIOS que le diera la fuerza suficiente para confrontar y ser liberado de su enemigo. ¿No es esto igual a cuando le pedimos a DIOS que nos ayude cuando sabemos que vamos a enfrentar nuestros peores miedos? Entonces, Jacobo tuvo un encuentro con DIOS, en donde comenzó a luchar con ÉL y comenzó a gritar: "¡No te dejaré ir hasta que me bendigas…"! Luchó con DIOS toda la noche y finalmente, DIOS le pegó en su cadera. Ahora Jacobo cojeaba. Esa noche, su nombre fue cambiado de Jacobo, que en hebreo quiere decir "el toma ventaja de o el lo merece", a Israel.

No olvidemos que Jacobo tenía que luchar y ganar para poder obtener su bendición particular. Algunas veces tenemos que tener una batalla interna, para poder continuar adelante y no darnos por vencidos. Algunas veces, la única manera de poder "pasar al otro lado" es batallando y siendo muy tenaces. Este podría ser el tiempo perfecto para ayunar, disminuir o eliminar nuestro orgullo o enfrentar nuestros miedos; puede ser el regresar a nuestro hogar, pagar nuestras deudas para poder arreglar nuestro crédito, regresar a la escuela en una edad madura o confrontar cualquier situación difícil.

Quizás tengas que hacer vigilia (mantenerte despierto toda la noche en oración y alabanza). La clave es "luchar". Las luchas nunca son fáciles, pero ¡enfócate, resiste y gana!

Finalmente, llego el momento de la verdad, Jacobo (Israel) se encuentra cara a cara con Esaú (nuevamente vemos que Israel no puede continuar adelante sin enfrentar su mayor temor y, aun más, lidiar con la reconciliación con su propio hermano después de tantos años). Su encuentro fue protegido por DIOS. Israel y Esaú se reconciliaron y ambos siguieron sus propios caminos para convertirse en dos naciones completamente diferentes.

Lo antes mencionado, son historias reales y, mientras te mueves a través de la Biblia, podrás ver como DIOS, una y otra vez, está en el "negocio" de restaurar lo que se ha roto. ÉL siempre termina lo que empieza. ÉL es todo y no nos permitirá mover hacia adelante, hasta que no trabajemos y eliminemos aquellas cosas que nos detienen en nuestra vida. ÉL nos prepara, trabajando primero con nosotros de manera muy personal. No importa cuantos años hayan pasado, sólo ten por seguro que DIOS no se ha olvidado de ti. Aun cuando parezca que se está tardando mucho tiempo, recuerda que ÉL es fiel.

Algunas veces te darás cuenta que puede haber un reto para ti al ir hacia atrás y enfrentar tu pasado. Se obediente y sigue lo que el Señor te está diciendo que hagas, de manera que todo vaya bien contigo. Mientras más rápido confrontes la situación, más rápido podrás continuar adelante con tu vida.

No importa lo que tengas que enfrentar, aunque parezca temeroso, difícil, muy doloroso o injusto, recuerda que DIOS no te pondrá en situaciones en las que ÉL no te ayudará. ÉL siempre está listo para proteger lo que le pertenece. ÉL es un DIOS bueno y sólo quiere lo mejor para ti. Confía en que ÉL manejará tu vida en más de una manera, todo de la forma correcta. ¡Hazlo a su manera y vencerás...!

"Pastora Mayra, gracias por ser tan apasionada en su deseo de ayudar a las personas a cambiar sus vidas, ayudándoles a tener una mejor calidad de vida. También por compartir su historia personal con la cual muchas personas se pueden identificar. Pero más importante aun, porque le ha permitido a muchas personas realizar que no están solas en sus problemas. Se que quiere ver a las personas transformadas."

Susana de Passaic, Nueva Jersey

Capítulo 3

Maldiciones Generacionales

Yo creo que cuando tu aceptas a Jesucristo como el Señor y Salvador –note que dice "SEÑOR" (Maestro; El que gobierna sobre tu vida, el que toma el control sobre ti y se hace cargo) y "SALVADOR" (para salvar tu alma del infierno y de aquellas cosas con las que tendrás que batallar) – tu vuelves a nacer. Eres una nueva criatura y todo lo anterior es pasado y lo nuevo llega (Juan, Capítulo 3 y 5:17). No obstante, aun seguimos teniendo asuntos de raíz que se pueden interponer en nuestro camino. Por ejemplo, no creo que una vez que hemos sido salvos, vamos a estar siempre a salvo. Déjame clarificar: Sí aceptas a Jesucristo tu eres salvo; y mientras sigas viviendo una vida de verdadero arrepentimiento, DIOS de perdonará. Existe una diferencia entre caer en pecado y provocar o premeditar el pecado. Hay aquellos que creen que una vez están salvos, pueden continuar con el mismo estilo de vida que llevaban anteriormente, pero eso puede ser muy peligroso. Tenemos que trabajar con nuestra salvación diariamente.

Una vez aceptas a Jesús en tu corazón, creo que DIOS comienza un proceso en tu vida, para lograr tu liberación y tu total restauración. No obstante, yo he visto "cristianos" que han vuelto a caer en sus antiguos pecados y en ocasiones, mucho peor. Recuerda, la BIBLIA dice que el demonio puede dejar a una persona, pero volverá con otros siete para llevar a ese hombre a una condición peor, si ese hombre no se llena de las cosas de DIOS (Lucas 11:26). DIOS definitivamente puede eliminar todas las cosas de tu vida, de una vez si El quiere, no obstante, todo dependerá del individuo y de lo que DIOS quiere hacer contigo y a través de ti. En mi caso, DIOS no quiso quitar toda la porquería de mi vida inmediatamente. El necesitaba adiestrarme fuertemente en el área de las luchas, para lograr hacer de mi un ministro de liberación y especialmente para trabajar con mujeres y niños que han sido abusados. El necesitaba darme la tenacidad en contra del enemigo y enseñarme que el diablo no tiene poder sobre mí a menos que yo se lo dé.

Toda mi vida fui una tonta y dejé que los "bravucones" me controlaran –especialmente porque había demasiado abuso en mi pasado –así es que DIOS necesitaba enseñarme a tener la fortaleza y la autoridad en contra del enemigo. El hizo esto, permitiendo que pudiera sentir la presencia de demonios y dejándome saber que cuando lo alababa ellos se irían; cuando oraba por las luchas, ellos se irían; cuando simplemente me sometía a la obediencia (mejor que al sacrificio), ellos huirían (Juan 4:7). Si DIOS elimina las cosas de nuestras vidas de manera rápida, podríamos volver a caer en ellas nuevamente. Puede que no aprendamos a tener compasión o la paciencia necesaria para poder trabajar con aquellos que están luchando con sus situaciones una y otra vez. Puede que no entendamos lo que es convertirse en un verdadero guerrero y, cuando los tiempos se ponen difíciles podríamos renunciar. Jueces 3:1-5 dice que DIOS dejó algunas naciones en la tierra para probar a los Israelitas, quienes no habían pasado por las guerras en Canaán. El hizo esto, sólo para enseñarles a generaciones de Israelitas sobre la guerra –especialmente a aquellos que nunca habían estado en una batalla anteriormente.

Algunas veces, nuestro proceso lento está relacionado con el hecho que DIOS nos está adiestrando o enseñándonos a apreciar y ciertamente a entender de donde ÉL nos ha sacado. Esto nos hará sentir agradecimiento y disposición para ayudar a los necesitados. Esto a veces es sólo para probar nuestra fe. No obstante, hay pecados que nos mantienen atados aun siendo cristianos. Estos pecados pueden causar que el enemigo pueda volver a entrar a nuestras vidas.

Jueces 2:20-23 establece que la nación de Israel ha roto un convenio el cual DIOS ordenó a sus antecesores a mantener. Debido a su desobediencia, ÉL no continuará liberando a ninguna de las naciones que aun están en la tierra. Podemos ver esto como los enemigos espirituales, como a los demonios. En el verso 22, DIOS establece que ÉL utilizará al enemigo para probar si su gente seguirá su camino o no. ÉL no le dio la victoria a Josué sobre ellos, ni tampoco los liberó inmediatamente después de la muerte de Josué. La clave aquí es que la obediencia del pueblo de

DIOS determinará si DIOS los liberará de aquellas cosas que los mantienen cautivos.

Echamos un vistazo a Deuteronomio 28:1-14. Este pasaje nos está dando un mandato. El mandato es que obedezcamos a DIOS. Cuando tú obedeces sus órdenes, las consecuencias que cosechas son bendiciones. Estas protegido del enemigo; no existe dolencia que pueda conquistarte, no existen calamidades que puedan ponerse en tu camino; DIOS bendecirá todo lo que hagas. No obstante, si desobedeces sus órdenes, entonces todas estas maldiciones vendrán sobre de ti (vea los versos 15-68). Aun más, dice que estas calamidades sobrevendrán a tus descendientes. Acaán fue el que pecó, pero toda su familia pagó el precio (Josué 7:1-26). DIOS sabía que tenía que destruir el pecado desde la raíz. El entiende que el diablo mira la descendencia consanguínea y está muy pendiente para poder traer la destrucción a toda la familia.

Para clarificar el punto anterior, no pienses que porque tú has sido atacado por una dolencia o enfermedad, significa que tú has pecado en la vida. Tu debes preguntarle a DIOS para que te enseñe el porque o simplemente esperar por El, porque en un tiempo determinado, tu sabrás. En ocasiones, un ataque significa que lo estás haciendo todo bien y que el diablo está ahí, tratando de detenerte. DIOS es DIOS. No obstante, no nos pongamos técnicos y olvidemos el propósito de este libro. Mi trabajo es exponer los asuntos.

Veamos ahora a Deuteronomio 28:1-68 en un ejemplo de algo llamado "poder legal". DIOS le da a los padres el "poder legal" por los niños que ÉL le prestará mientras están aquí en la tierra.

Ahora, digamos que uno de tus padres fue adicto a las drogas y ahora tu y tus hermanos también son adictos, aunque sea a drogas recetadas. Por supuesto, no tienes que ser adicto a las mismas drogas a las que fue tu padre para que sea un asunto generacional. La palabra clave aquí es "adicción". Aun después de salir de las drogas, puedes fácilmente hacerte adicto a la cafeína, como la que se encuentra en las sodas o en el café. De cualquier forma, los niños son producto de la forma en que son criados, sea bueno o malo.

Echemos un vistazo a la historia de Rey David y Bathsheba (2 Samuel 12:1-18). David deseaba a Bathsheba y tuvo sexo con ella. No sólo el fornicó y fue lujurioso, sino que además Bathsheba era casada.

Su esposo, Urías era muy leal al Rey David en el marco militar. Bathsheba terminó encinta de David. Cuando David se enteró, mando a buscar a su esposo, quien estaba sirviendo en la guerra, porque el quería que él tuviera sexo con su esposa. Esto era una forma de encubrir el hecho de que el bebé era de David y se lo achacaría a Urías. No obstante, la lealtad de Urías era más fuerte hacia David, por lo que decidió no acostarse con su esposa. En este momento, la desesperación de David era tan grande que ordenó al comandante en jefe que colocara a Urías en la línea del frente de batalla. David sabía que esto provocaría la muerte de Urías.

Después de esto, DIOS envió a David a un profeta, Nathan, para que le expusiera los pecados que había cometido. David se arrepintió y DIOS no mató a David por esto; sin embargo, debido a ese pecado — o a esa puerta abierta — ahora cosecharía lo que sembró (lo que se hace se paga). Así que DIOS le dijo a David que el niño moriría y que desde ese momento en adelante, siempre habría problemas en su hogar. Por seguro, su hija Tamar eventualmente fue ultrajada por su hermano Amnón y cuando su hermano Absalom se enteró, mató a Amnón. Más adelante, Absalom se reveló en contra de su padre y trato de tomar posesión del reino. Finalmente, Absalom murió de forma trágica. Salomón (el segundo hijo de David con Bathsheba) terminó con 800 esposas. Incluso, levantó y fabricó altares a ídolos externos, sólo por el hecho de mantener sus amoríos. Tragedias y más tragedias para la familia de David, por lo cual yo creo que es una maldición generacional. Uno pensaría que DIOS es injusto, pero DIOS no es el injusto; lo que David hizo fue injusto. A pesar de que David era un hombre, conforme al corazón de DIOS. David causo que todo se perdiera. Cuando DIOS establece leyes, tú no puedes ir en contra de ellas. DIOS no aprueba el pecado.

La única manera de detener una maldición generacional, es que alguien de tu familia consanguínea acepte a Jesús como el SEÑOR y SALVADOR y comience a servirle de todo corazón. Entonces DIOS podrá comenzar el proceso de liberación para esa persona y las generaciones venideras. ¡Siempre hay esperanzas en Cristo Jesús… siempre…! Si tu has aceptado a Jesús, pero aun estas viviendo en negación, es tiempo de que comiences a reconocer los asuntos que necesitan ser cambiados. DIOS te está diciendo que cierres algunas puertas en tu vida, pero lo has ignorado. "Mi pueblo perece por falta de conocimiento…" (Hosea 4:6 NVIA). Es importante para ti, que tomes un tiempo para que reflexiones y consideres algunas de las situaciones en tu propio corazón. No puedes continuar ignorándolas, porque nunca veras la total y completa grandeza de DIOS en ti. DIOS sólo quiere que las admitas y que trabajes con ellas desde la raíz.

La Biblia nos dice que "si conoces el bien, estás obligado a hacerlo, si no lo haces, es pecado" (Juan 4:17, NVIA). DIOS es un DIOS de amor y por eso es tan difícil, ver a DIOS siendo duro con nosotros, pero cuando DIOS no dice que obedezcamos, lo esta diciendo por nuestro propio bien, porque ÉL sabe que nuestra desobediencia abrirá puertas para que el diablo se pueda colar entre ellas.

Probablemente estas pensando: "¡bueno, pero ese es el Viejo Testamento!" Muchas veces las personas creen que porque estamos en los tiempos del Nuevo Testamento, que ahora estamos en gracia y que el diablo no los podrá tocar. Esto es cierto si vives bajo las reglas de DIOS. Demos un vistazo a Efesios 4:26-27, en donde claramente se establece que si vas a la cama con coraje, le estas dando al diablo un escalón por donde agarrarse. También veamos Efesios 6:10-18 en donde habla de "ponernos la armadura completa de DIOS para resistir los ataques del enemigo". Claramente establece que nuestras luchas no son con la carne y la sangre; sino más bien contra los principios, los espíritus y los poderes oscuros. Esto nos ayuda a entender que hay un mundo endemoniado y que esos demonios operan en diferentes rangos; de otra manera, sólo hubiese dicho "demonios o diablos". Entonces, no debemos tomarlo de forma ligera, debemos vestir nuestra armadura espiritual por completo, porque estamos en una guerra.

Porque DIOS diría: "Sométete a DIOS, resiste al diablo y éste huirá" (Juan 4:7-9, NVIA). ¿Diría ÉL eso para los no creyentes? ¿Qué pasaría si no nos sometemos a DIOS, según las Escrituras? La Palabra de DIOS también dice que el diablo anda como el león que busca a quien devorará (1 Pedro 5:8-11).

Quisiera compartir un testimonio muy poderoso de alguien a quien yo ministré en prisión y quien realizó que era parte de la maldición de su propia familia. Léelo en sus propias palabras, tal y como me lo dijo a mí:

> "Recibí a Jesús como el Señor después de haber sido acusada de asesinato en primer grado. Según fui tomando mi clase de '*Asuntos con Raíz*', descubrí que un espíritu de "asesinato" corría rampante por mi familia. Creo que es una maldición generacional. Mi abuela fue asesinada por su hija. Mi tío fue sentenciado por asesinato. Mi hermano mayor y mi primo están en la cárcel por asesinato en primer grado también. Pastora Mayra, según usted comenzó a orar por mí en clase, sentí que el demonio se alejó de mi cuerpo. Pude dormir como un bebé esa noche y he sentido mucha alegría desde ese entonces. Yo se que DIOS me reveló que tenía que romper con el espíritu de asesinato que estaba sobre mi familia. Gracias por permitir que DIOS la utilizara a usted para traerme hacia la luz. Yo se que nunca seré la misma." Tiffany

Según iba orando por Tiffany, recuerdo como tosía y gritaba porque sentía mucho dolor en su estómago, debido a que aquel demonio no la quería dejar. Después de estar orando por ella durante un rato, comencé a observar un nuevo contorno a su alrededor y una hermosa sonrisa en su cara.

Necesito que entiendan que estas son historias diarias, de la vida real de muchas personas, sea asesinato u otra cosa, sea en la cárcel o fuera de ésta. Piénsalo, puedes estar preso dentro de tu misma alma, aunque no estés literalmente encarcelado.

Muchas personas podrían pensar que esto es sólo para criminales o para familias disfuncionales, pero no realizan que estamos batallando con una cosa o con otra. He conocido muchos profesionales como doctores, maestros, pastores, abogados y otros más, que se encuentran en una batalla constante debido a situaciones que tienen en la raíz. Muchas personas que parecen normales y parecen estar bien, pueden estar batallando en su interior y no saben como enfrentar el asunto o como hablar de ella. Así que entiende que esto puede estar dirigido a ti.

Mira tu herencia consanguínea. ¿Quiénes son o fueron tus padres? Quizás tienes unos padres excelentes y este no es el caso. Quizás no te acuerdas o a lo mejor, nunca les dijeron a sus niños todos sus secretos. El Espíritu Santo nos puede revelar cosas, si nosotros se lo pedimos. Si no lo hace, quizás sea porque no es el tiempo de que lo sepas o no estas preparado para afrontar y/o manejar la situación o, simplemente, no tienes porque saberlo. DIOS sabe que es lo mejor para nosotros. Recuerda, ÉL es el alfarero y nosotros su barro (Isaías 64:8; Jeremías 18:6).

Si nunca conociste a tus padres, entonces pídele a DIOS que te muestre, a través de una oración íntima con ÉL. Han habido muchos casos, incluyendo el mío, donde DIOS nos revela nuestra niñez, bien sea a través de una visión, en sueños o de otras formas, de manera que podamos ver donde está la raíz de nuestros problemas.

Si eres adoptado o has vivido en casas de adopción, puedes que hayas adquirido trazos o rasgos de esa familia. Después de todo, ellos fueron tus figuras de autoridad y ellos también tienen un "poder legal" sobre ti. Toma un tiempo para pensar quienes fueron ellos. Estos *Asuntos con Raíz*, pueden aplicar a los padres o guardianes en nuestra vida.

¿Había actividades ocultas en tu casa (cartas del tarot, horóscopos, santería, magia, vudú, masonería, etc.)? ¿Había pornografía, lujuria, adulterio, prostitución o seducción? ¿Había abusos, violencia, coraje, golpes, divorcios, negación u odio? ¿Había calamidades, enfermedades, muertes tempranas, esterilidad, abortos? ¿Y qué sobre los prejuicios, racismo, orgullo o arrogancia?

¿Había control, manipulación o rebelión? ¿Qué tal desórdenes mentales, depresión o suicidio?

¿Acaso tu padre o tu madre te maldijeron con sus palabras? ¿Te decían cosas negativas como "tu nunca llegarás a ser nadie", "eres un estúpido" o "tu eres malo y por eso yo no te quiero"? ¿Servían tus padres a Jesús, a ídolos u otras religiones? ¿Qué acerca del abuso a la comida, drogas, medicamentos, juegos, apuestas, o al alcohol? ¿Sabías tú que si tu mamá era adicta a drogas prescritas, tú puedes ser adicto al alcohol o a otras substancias? Podría continuar y continuar, pero el punto final es que tienes que preguntarle al Espíritu Santo, para que te ayude a encontrar que está bloqueando tu crecimiento espiritual. ¿Podría ser una maldición generacional?

Te sugiero que tomes un papel y hagas dos columnas; una para tu mamá y otra para tu papá. Puedes ir tan lejos como recuerdes, hasta tus abuelos y así por el estilo. En ese pedazo de papel, escribe las cosas negativas que recuerdes tanto de tu mamá como de tu papá y deja que el Espíritu Santo te guíe.

Ahora comienza a romper esas cosas que estas viendo en tu vida que fueron del pasado. Comienza por renunciar y arrepentirte. Algunos de ustedes pasarán trabajo para buscar esas cosas, pero algunos de ustedes saben precisamente de que estoy hablando y lo pueden ver claramente. Comienza a orar en contra de ellas. Colócate en el lugar de tus padres y pídele a DIOS que los perdone y que te perdone a ti. Renuncia a todo aquello que pueda ser una puerta abierta en contra de las generaciones que están por venir. La Sangre de Cristo puede salvarte de las maldiciones generacionales. JESÚS tomó nuestro lugar en la cruz, de manera que pudiéramos ser libres (lee Gálatas 3:13). Según avanzas en ÉL, ÉL irá eliminando todo aquello que te detiene de continuar progresando. La clave es obedecer y avanzar en ÉL.

No seas sólo un oyente de la Biblia, pero se un hacedor de ella. Pídele a DIOS que te ayude a orar y que te saque de todas esas cosas. Pídele que te muestre si necesitas liberación de los demonios. No te asustes, este es el momento de un nuevo comenzar en tu vida. Es todo para mejorar. Es tu decisión.

Si cogiste este libro y nunca has aceptado que Jesús venga y tome control de tu vida completamente, entonces hazlo ahora. Nada puede detener el pecado en la vida, sin el poder de DIOS.

Ora conmigo:

> Jesús, quiero que seas mi Señor y Salvador. Quiero que entres en mi vida y tomes control de ella. Soy un pecador y necesito Tu ayuda. Por favor, perdona todos mis pecados y cambia mi vida. Reconozco que no puedo hacer esto sin Ti. Quiero ir al paraíso, toma control de mi Señor, soy tuyo. Ayúdame a sentir y tener hambre de leer la Biblia y a entender lo que lea. Ayúdame a encontrar la iglesia a la que quieres que vaya. Dame dirección completa. Ayúdame a aprender a amarte. En el nombre de Jesús, Amén.

Ahora, para aquellos que quieren romper maldiciones en su vida, oremos:

> Jesús, reconozco que mis antecesores eran pecadores, (puedes añadir todas aquellas maldiciones generacionales que DIOS te haya mostrado hasta este momento). Yo rompo ahora el poder de todas esas cosas en mi vida personal, y sobre la vida de mis hijos y los hijos de mis hijos. Me arrepiento, no sólo por mí sino por mis antecesores antes que yo. Me pongo en el lugar de ellos y oro para que tengas misericordia sobre nosotros y nos ayudes a girar nuestro corazón hacia Ti. Tu dijiste "si mi pueblo, quien es llamado por mi nombre, se humillara y orara y buscara mi cara y se retiraran de sus debilidades, entonces yo oiría de los cielos y perdonaría sus pecados y sanaría su tierra" (2 Crónicas 7:14, NVIA). He decidido humillarme frente de ti, y te pregunto DIOS, enséñame cualquier otra cosa que pueda estar escondida. Enséñame a perseverar en mi salvación teniendo una relación diaria e intima contigo y ayúdame a entender y a obedecer todo aquello que me pidas. Gracias Jesús por destruir el trabajo del enemigo. Soy una generación bendecida y

aprenderé a confesarlo sobre mí y mi casa. Gracias, en el nombre de Jesús, Amén.

Ahora, esto no significa que las cosas van a cambiar de la noche a la mañana, pero es un paso en la dirección correcta. Desde este punto en adelante, estarás más alerta a ciertas cosas en tu familia y en tu alrededor. Te garantizo que estarás más alerta.

"Hace unos años atrás, me encontré en una situación muy dolorosa en mi vida, que afectó a mis hijos y a toda mi familia.   Tuve que bregar con muchas emociones, incluyendo aquella de falta del perdón.   Le doy gracias a DIOS que trajo a la Pastora Mayra León a mi vida.   Con su conocimiento de los "*Asuntos con Raíz*", su unción y su amor por las mujeres maltratadas, me enseño a través de las Escrituras como DIOS quería que nosotros pasáramos por caminos y tribulaciones, con el entendimiento de que ÉL está con nosotros cada paso del camino.   He tenido una vida en victoria y continúo perseverando, gracias a DIOS y a mi amiga, la Pastora Mayra León".

Daisy, de Tampa, Florida

Capítulo 4

La Falta de Perdón

Mateo 6:14-15 me dice claramente que si yo no perdono a aquellos que me ofenden, entonces DIOS, el Padre, no podrá perdonarme a mi.

Mateo 18:21-35 (parafraseado) dice que hubo un rey que le perdonó a un hombre millones de dólares, pero aún así, este hombre perdonado, no pudo perdonar a alguien que le debía menos de lo que él le debía al rey. ¿No somos nosotros igual? Guardamos resentimiento hacia alguna persona por cosas tan pequeñas, pero le debemos tanto a DIOS y aun así ÉL nos perdona. EL lo hecha todo al fondo del océano y nunca más lo recuerda (Micaías 7:19). En Mateo 18:34, dice que el rey puso al primer hombre en la cárcel para que fuera castigado. En otras traducciones, dice que el rey lo envió a los atormentadores. Cuando leo esto, me da una revelación de porque algunas personas viven atormentadas. Yo creo que es porque no han podido perdonar.

Vamos a analizar esto: DIOS dice varias veces en las Escrituras, que tenemos que perdonar a aquellos que nos han ofendido. Si no obedecemos esta orden, entonces yo diría que estamos en desobediencia, lo que nos deja una puerta abierta para que el enemigo pueda tener entrada. Ves, la ofensa pasa por un proceso. Si alguien te ha ofendido y esa semilla llega a tu corazón, es porque no has decidido perdonar inmediatamente. Por ende, el enemigo en unión a tu deseo, tu carne y tus emociones, comienzan a regarla con agua (instigándote, recordándote y sugiriéndote que respondas y vayas en contra de la Palabra de DIOS). Entonces, esa semilla de ofensa se torna en coraje, odio, asesinato, violencia, revancha, orgullo y antes de que te des cuenta, estarás amargado. Toma un tiempo para pensar en alguien que haya pasado por la vida lleno de amargura. Es por seguro que siempre están murmurando y quejándose por todo y son personas muy descontentas. ¿Quisieras terminar igual que ellos? Por eso es que hay tantas personas muy enfermas y más aún, lastimadas. Nunca olvidaré el día en que fui a orar por el dolor de espalda de una mujer y en cuanto comencé a orar, la palabra "falta de perdón" comenzó y continuó resonando dentro de mí. Al principio pensé que era sólo yo, pero mientras más oraba, más veía la palabra. Finalmente me detuve para decirle a la mujer que ella no había perdonado a alguien en específico y que mientras ella no lo hiciera, DIOS no le podría sanar. Entonces ella confesó que había sido muy ofendida por esta persona y que ella nunca lo podría perdonar. No importan cuan grave alguien nos haya ofendido, DIOS nos llama a perdonar.

El perdón no es para esa persona, el perdón es para *ti*. En una ocasión alguien me dijo que el perdón es como un castigo romano. En los días de la antigua Roma, si tu matabas a alguien, ellos podían tomar el cuerpo de esa persona, ponerlo en tu espalda y atarte a él. Eventualmente el cadáver se comenzaría a descomponer y entonces, se pasaría al tuyo y tu cuerpo comenzaría a descomponerse. Esto era un castigo de muerte de manera lenta. Lo mismo ocurre cuando no has perdonado.

La persona puede haber cometido el crimen más horrendo en tu contra. Pueden haberte violado, matado a tu bebé, asesinado a un ser querido, haberte molestado toda tu vida, haber abusado de ti o cualquiera sea el caso. Pero si esa persona entrega su vida a JESÚS, es liberado y continúa con su vida. Puede incluso haber muerto, pero ahí estás, cargando con esa persona en tu espalda. ¿Por cuanto tiempo podrás cargar esto?

Puedes estar tan ofendido con alguna persona que harías cualquier cosa para tomar represalia en su contra, regar un chisme sobre la persona como si fuera un incendio forestal (sea o no verdad) o permitirte a ti mismo crear una división entre otros, aunque sea para tu propia satisfacción. Esto podría también caer bajo el orgullo; a tu ego le agradaría saber que has tomado revancha en contra de alguien y que ahora esa persona está tan o más herida que tu. Esto podría incluso poner una sonrisa en tu cara.

Para que puedas tener una verdadera liberación, tienes que enfrentar la verdad. La verdad te hará libre. ¿Qué pasaría si lo que estás esperando es que esa persona te diga que "lo perdones" y nunca lo hace? Es posible que tengas que enfrentar este factor. ¿Por cuanto tiempo vivirás en amargura? No sólo tu serás miserable, sino que harás a otros miserables —aun a los que amas. Muchas veces decimos que no queremos ser como la persona que nos ha herido, pero de repente nos comportamos exactamente igual que ellos. Cuídate y hazlo a la manera de DIOS. ÉL sabe lo que es mejor para ti.

Cuando perdonas, realmente dejas que todo se vaya. Algunas personas dicen: "te perdono, pero no lo olvido". Las memorias pueden tomar algún tiempo para borrarse, pero tienes que "soltar" a esa persona. ¡El verdadero amor, perdona! El verdadero amor no mantiene un expediente de los errores (1 Corintios: 13). Aún cuando tienes esposa o esposo, un padre, un jefe, un pastor o alguien con el que tengas que tratar todos los días, puede significar que tu proceso de perdón es morir "a tu yo"; a ti mismo diariamente. No morir literalmente, pero morir a tus deseos y a los deseos de la carne, y principalmente morir a tu voluntad; ciertamente, someterte a la voluntad de DIOS y eventualmente, dejar que ÉL tome el control. "*La Venganza es Mía*" dice el Señor (Romanos 12:19, VRS). DIOS es DIOS; ¿no crees que ÉL sabe como manejar a las personas que te han herido? Si existe alguna persona que te haya herido, debes de orar por misericordia para ellos, porque si no hay un cambio en su corazón, DIOS de seguro se hará cargo de ellos. ¿Podrías imaginarte a estas personas en el infierno por toda la eternidad? ¡No estoy hablando de cien mil años, estoy hablando de una *e-ter-ni-dad*! Y esto es para siempre.

Quiero hablarte por un momento de perdonarte *a ti mismo*. ¡Sí! A ti mismo. Muchos de nosotros hemos tenido situaciones en nuestra vida que ha hecho que vivamos en culpa y condenación. Hemos tenido abortos, hemos matado o abusado de alguien, hemos perdido a nuestra familia a consecuencia de una adicción de la cual no nos podemos liberar, o hemos entrado y salido de la cárcel. Puede que hasta nos odiemos a nosotros mismos porque vivimos con temor a algo o a alguien; no hemos alcanzado las metas en nuestras carreras debido a embarazos tempranos o porque hemos huido de nuestras casas, pero todos hemos caído fuera de la Gloria de DIOS (Romanos 3:23). Todos hemos pecado, todos hemos hecho algo que nos ha echado a perder. Al parecer no nos podemos perdonar a nosotros mismos y sentimos que DIOS no puede, o no quiere perdonarnos. Pero si este fuera el caso, entonces DIOS sería un mentiroso.

DIOS envió a su único y amado Hijo a pagar el precio, a ser ridiculizado, escupido, marcado, condenado y a morir para que así pudiéramos obtener el camino hacia el paraíso. DIOS envió a su único hijo para que pudiéramos relacionarnos al Padre Todo Poderoso, y para que seamos libres del trabajo de Satanás, entonces ¿cómo es posible que DIOS no nos siga perdonando? Hemos hecho muchas cosas en contra de DIOS, pero aún así, ÉL nos mantiene vivos y no nos destruye como lo merecemos, debido a su amor *incondicional* hacia nosotros.

En Romanos 8:32, dice que DIOS no dispuso de su único Hijo, sino que lo envió a morir por todos nosotros. ¿Cómo será posible que, además de su Hijo; no nos diera gratuitamente todas las cosas? ¿Cómo DIOS nos podría pedir que perdonemos si ÉL no perdona? ¿Cómo DIOS nos podría pedir que amemos incondicionalmente si ÉL no amara incondicionalmente? ¿Cómo DIOS no nos va a perdona cuando ÉL nos creó en el vientre de nuestras madres con un propósito y ÉL sabía quien tu serías y todos los problemas y situaciones que batallarías? Si el diablo nos odia tanto y quiere matarnos, entonces ¿por qué no lo ha hecho? ¿Podría ser que DIOS en su infinita misericordia nos ha guardado, sin importar lo que tu hayas echo? Sí, puede que vivas en fracaso, pero DIOS no ha terminado su trabajo. ÉL ha comenzado un trabajo excelente en ti y ÉL está comprometido a terminarlo (Filipenses 1:6). Después de todo, ÉL fue el que comenzó tu viaje y tú no tuviste nada que ver. Seguramente, ÉL te guiará, sólo no endurezcas tu corazón. Si te humillas, verdaderamente te arrepientes y permites que *Su voluntad* sea la tuya también, ÉL fielmente terminará lo que comenzó en ti.

Recuerda que Adán y Eva tenían libre albedrío para escoger. Si DIOS quisiera hacer robots, ÉL los tendría. ¿Te gustaría que alguien te quisiera forzadamente? Tampoco a DIOS. DIOS no quiere forzarte a que lo ames. ÉL te da la opción. La Biblia dice que ÉL nos amó primero; ÉL tenía que demostrar Su amor hacia nosotros, de manera que pudiéramos conocer su carácter, aprender a creerle y aprender a amarlo. Como humanos, DIOS sabe que no podemos amar, si no conocemos el amor. DIOS es amor. El verdadero amor viene de DIOS. Si tu te sientes condenado, entonces tu no has conocido a DIOS. Nuevamente, en Romanos Capítulo 8 nos habla del hecho de que no existe condenación para aquellos que están en Cristo Jesús.

Debo decirte de antemano, que se lo que es tener personas en tu vida que desearías que estuvieran muertas o en el infierno. El dolor era tan profundo que parecía que el enemigo se había dado a la tarea de atormentar mi vida a través de estas personas. No podía salir de este ciclo. No obstante, seguía escuchando a DIOS diciéndome *"según vayas avanzando, Yo echaré los habitantes de entre vosotros"* (Josué 3:10; Salmos 78:55). DIOS menciona esto varias veces a través de la Biblia, básicamente diciendo que ÉL echará fuera los enemigos, según su pueblo va avanzando. También ve Jueces 2:1-3.

Cuando le pregunté a DIOS que ÉL quería decir con "avanzar", ÉL me contestó que era someternos a sus deseos, obedecerle y hacer lo que ÉL me pida que haga. Yo sabía que yo quería ganar en todas las áreas de mi vida, pero me costaría *"morir"* (renunciar) a mis deseos. Por ende, cuando me quejaba a DIOS sobre alguien que me había hecho daño, yo escuchaba a DIOS diciendo; "¿Lo harías tu por Mi?, no por ellos, no por ti, pero por Mi".

Entonces yo respondia: "Sí mi Señor, cualquier cosa por Ti."

ÉL me recordaba que la obediencia es mejor que el sacrificio. ¡Debes de perdonar! Esto no es una sugerencia, es un mandato. No es siquiera para DIOS, es para ti, porque de otra manera tendrías una puerta abierta para que el enemigo entre en tu vida y tome el control con ira, venganzas, tormentos, odios, amarguras, enfermedades, etc.

De vez en cuando el orgullo surgía y entonces me preguntaba a mi misma, "¿Cómo pudiste permitir que esa persona te hiciera lo que te hizo? Te verán como alguien débil o estúpido". Nuevamente escuchaba a DIOS decirme,

"*Cuando haces las cosas correctas ante mis ojos, tienes mi aprobación, que es más importante que la de cualquiera otro*". También tienes que entender que es una batalla. No obstante, cuando decido hacer las cosas a la manera de DIOS, paz es lo que usualmente sigue. Saber que DIOS, el Todopoderoso está de mi lado, es lo que realmente importa.

A veces, estando muy enojada con mi esposo, trataba de ir a la cama con ese enojo. No obstante, conociendo la Escritura que nos alerta sobre no permitir que el sol caiga sobre tu enojo o le darás cabida al diablo (Efesios 4:26-27), me hacía sentir incómoda, porque se que yo soy responsable por lo que se que es lo correcto. Trataba de hacer un trato con DIOS, "Tu sabes DIOS, que mi esposo es mi amor y que yo lo amo", y escuchaba instantáneamente a DIOS decirme, "Si lo perdonas, entonces has el amor con él". Qu…, Qu… Qué…? Eso me estremecería, pues sabía que DIOS me estaba manteniendo en control. Me recuerda cuando DIOS le preguntaba a Adán, "*¿Dónde te encuentras?*" Yo creo que DIOS le preguntaba sólo para que Adán mirara su condición. Entonces supe que ciertamente no había perdonado a mi esposo porque no podía hacer el amor con él. Hacer el amor significaría un rendimiento total.

Aún en eso, yo se que es muy poderoso cuando haces el amor con tu esposo(a), porque hay una unidad que toma lugar que sólo puede ocurrir cuando se conectan en el sexo.

Conozco de personas que han mantenido algún rencor y cuando finalmente deciden tener intimidad con sus esposas(os), han tenido liberación debido al poder que esta unión tiene. La Escritura 1 de Corintios, Capítulo 7, habla del matrimonio y como nuestro cuerpo no nos pertenece, pero si a nuestros esposos. Quiero dirigir tu atención al versículo 5 y 6 (NVIA), "*no se priven el uno al otro, con excepción quizás de un consentimiento mutuo y sólo por un tiempo, de manera que puedan dedicarse a la oración. Entonces únanse nuevamente, de manera que Satanás no los pueda tentar debido a la falta de auto-control*". Es imperativo que te conectes con tu pareja antes de que uno de los dos caiga en tentación. También entiende que debes cortar las malas hierbas antes de que se ponga el sol; de lo contrario, crecerán raíces en el jardín de tu corazón, que producirán malos frutos.

Habiendo dicho todo esto, espero que hayan podido entender y que hayan tomado una importante decisión en su vida acerca del perdón. Puede que tengas que perdonar todos los días, pero de todas formas, ¡tú debes perdonar –no por ellos, sino por tu libertad! ¿Qué tanto quieres ser libre? De otra manera, continuarás abriéndole las puertas al enemigo. Mientras más tiempo tome, más difícil es de lograr.

Tus cicatrices puede que no sanen inmediatamente, pero al menos habrás dado un importante paso en la dirección correcta. Tú has hecho tu parte y DIOS, de seguro, hará la de ÉL. ÉL sabe como traer sanidad y restauración a una situación muerta. ¡Cree en ÉL! No es con ejércitos ni con fuerzas, más con Su Espíritu Santo (Zacarías 4:6).

Si decides tratar a la manera de DIOS, entonces te voy a ayudar con un pequeño ejercicio que aprendí hace mucho tiempo. Toma unas hojas de papel (cuando hice esto, necesité por lo menos, tres hojas de papel). Quiero que ores y le pidas a DIOS que te muestre nombres, caras o eventos con personas a las que aún tendrías que perdonar. Sólo el Espíritu Santo puede revelar cosas del corazón. Puedes pensar que ya has perdonado a alguien, pero DIOS comenzará a traer la cara de esa persona nuevamente a tu mente. Debe de haber alguna razón, así que sigue adelante y pon el nombre de esa persona en el papel. Vas a preparar una lista con los nombres, las caras o los eventos que comienzan a presentarse, mientras oras a DIOS para que te muestre. Un ejemplo de un evento podría ser: puede que te hayan violado y no puedes recordar la cara, ni mucho menos el nombre, no obstante, sólo puedes escribir el evento –"violación". Otros ejemplos podrían ser un jefe que te despidió injustamente o una maestra de escuela cuando eras joven, a quien nunca le caíste bien y te trató incorrectamente, un tío que te molestaba, o un vecino que te molesta. Puede ser que tengas que perdonar a tu hijo o hija quien te ha robado y mentido una y otra vez. Podría seguir y seguir, pero al final, lo importante es que has hecho la lista bajo la dirección del Espíritu Santo, quien te ha revelado a estas personas.

Una vez la lista esté completa, regresa al primero. Observa que los primeros tres en la lista son usualmente los más difíciles de trabajar. Cuando comienzas con el primero, preséntale esta persona o evento al SEÑOR. Háblale a DIOS sobre lo que ocurrió y entonces hazle saber a DIOS que has decidido perdonar a esa persona. Por favor, no hagas una oración general para todas las cosas que tienes en el papel, ya que es mucho más efectivo que tomes el tiempo de mirar cada uno de los episodios de tu vida nuevamente y trabajes con ellos. Llora, grita, golpea si tienes que hacerlo, pero ten presente que DIOS está ahí contigo y caminará contigo a través del camino. Puede que desees tener a alguien contigo para que te apoye. Tienes que estar seguro de que esa persona tenga su mente en DIOS y que sea positiva. También, asegúrate de que puedes confiar tus asuntos personales a esa persona.

Mientras hablas con DIOS sobre cada uno de los nombres o eventos que escribiste en la lista, finaliza diciendo que estas cerrando ese capítulo de tu vida y que estas derramando la Sangre de Jesús sobre eso, para que nunca vuelva a ser abierto. Cuando hayas llegado al final de la lista, toma el papel y quémalo o rómpelo en pequeños pedazos. Bótalo. Puedes incluso convertirlo en una lista de oración y así poder orar por ellos.

Ahora, esto puede que te tome uno o varios días. No importa cuanto tiempo tome, asegúrate de que no has dejado a nadie de tu lista, con el que no hayas trabajado. Puede que tengas que perdonar todos lo días, como con tu esposa(so); pero si eso es lo que hay que hacer, entonces muere diariamente a tus deseos y emociones y hazlo, primero para DIOS y luego por ti. No olvides que puede ser que tengas que perdonarte a ti mismo. Puede incluso que estés enojado con DIOS; este es un buen momento para lidiar con este asunto. El siempre está dispuesto a perdonarte.

Tan pronto como hayas terminado con la lista, ten por seguro que el diablo no estará contento con esto, así que el tratará de instigarte usando a alguien de la lista para que te llame y comience un problema, o para que algún miembro de tu familia te llame y te recuerde tu pasado. Cualquiera que sea el caso, sabes que el enemigo no quiere verte libre.

No permitas volverte a enredar en la red otra vez. 1 Pedro 5:8-11, nos dice que debemos saber que el enemigo ruge alrededor nuestro como un león, buscando la presa que ha de devorar. ¡Esté atento!

He tratado este ejercicio con prisioneros, jóvenes, grupos de liberación, retiros de mujeres y en sesiones individuales, y he visto el poder de DIOS tomar posesión y realmente traer restauración. Durante este ejercicio, después de mucho llorar y sacar todo el coraje, he visto cambiar totalmente el semblante de alguien, de verse duro y sin vida, a tener un brillo; a poder realmente reír de adentro hacia afuera.

Realmente oro porque hayas decidido liberarte y ser obediente. Créanme, yo entiendo más de lo que ustedes piensan, cuan duro es perdonar a alguien que te ha herido injustamente. Se que puede tomar algún tiempo, pero por favor, deja que ocurra, no vale la pena las consecuencias.

"Tomé una clase de *Asuntos con Raíz*, y se que DIOS puso a la Pastora Mayra para que me llevara a la liberación. Hice la 'Lista de Perdón' y resultó ser mi padrastro; fue entonces cuando me desmoroné como un bebé. Eso fue sólo el comienzo. Todo dentro de mí comenzó a luchar. Todavía estoy en ese proceso, pero estoy tan llena de esperanza. Quiero ser utilizada para ayudar a otros. Muchas gracias a usted."

Michelle, de Riverview, Florida

Capítulo 5

La Rebelión

¡La obediencia es mejor que el sacrificio (1 Samuel 15:22)! La obediencia es la llave para el corazón de DIOS. La obediencia es lo que nos lleva a una mayor gracia para poder destruir las ataduras y realizar el ministerio. Puedes gritar todo el día para que el poder de DIOS se manifieste de manera más grande en tu vida, pero si vives en desobediencia, puedes olvidarte de eso. DIOS tiene la manera de hacernos saber cuando estamos equivocados en un área. ÉL nos ama demasiado para dejarnos en lo mismo. ÉL es un Padre, por ende, ÉL nos va a corregir. ¿Qué padre quisiera que su hijo se revelara o desobedeciera? ¿Cuanto más DIOS? Puedes sacrificar todo lo que tú quieras, pero la obediencia es lo que más requiere DIOS. Podemos decir y hacer, pero a menos que obedezcamos lo que ÉL nos ha llamado a obedecer, ese sacrificio no significa nada para ÉL. Si vas a la iglesia, ayunas, das tu ofrenda, pero no le obedeces en el área que ÉL quiere, lo que haces no tiene significado para ÉL. Debido a que ÉL es todo amor y tiene tanta misericordia, ÉL puede darte oportunidades para que cambies, no obstante, con la desobediencia, vienen las consecuencias. Continuar desobedeciendo, puede ser señal de rebelión. Demos un vistazo a esto: la definición de rebelión es: no estar dispuesto a someterse, obstinado, de voluntad fuerte, causar ataques en contra de la autoridad, causar divisiones. Mi propia definición es: evidente desobediencia o la falta de respeto hacia lo que tu sabes que debes de estar haciendo; una actitud de "no me importa" y hacer lo que quieres y no lo que sabes que debes hacer.

La Biblia dice que la rebelión es como el pecado de la brujería, y sabemos que la brujería nos trae maldiciones y que es una abominación (repulsiva, atropellante y vergonzosa) para DIOS; definitivamente debemos creer que si dejamos de respetar absolutamente a nuestras autoridades, es un pecado. Si sabes lo que está correcto y no lo haces, es un pecado (Santiago 4:17).

Te daré un ejemplo de rebelión, basado en mi propia experiencia. Mis padres no le servían a DIOS cuando nací, no obstante, tenía maldiciones generacionales de mi mamá y de mi papá. Yo era muy obstinada. Ambos de mis padres, eran muy controladores y rebeldes. Para hacer el cuento largo corto, ambos de mis padres se envolvieron en el paganismo, la idolatría y la santería (una forma de brujería).

No tuve un buen ejemplo de buenas figuras de autoridad en mi casa. Mis padres se divorciaron cuando tenía 9 años de edad y tuve dos padrastros en diferentes etapas de mi vida. El primero comenzó a molestarme a los 9 años y estuvo haciéndolo por un tiempo. Mi mamá no lo supo debido a que yo estaba aterrorizada de decírselo. Ella se enteró cuando comencé a compartir mi testimonio a otros grupos de mujeres; para ese entonces yo tenía aproximadamente 30 años. Mi segundo padrastro entró en mi vida cuando tenía alrededor de 11 años, pero el no era muy bueno con la disciplina en el hogar, ya que nos dejaba pasar muchas cosas. Sin embargo, quise mucho a mi segundo padrastro porque el amaba a mi mamá.

Necesito compartir esta parte de mi vida, de manera que pueda ofrecerles una mejor imagen de porque la rebelión entró en mi vida. Era una maldición generacional y yo mantuve las puertas abiertas a través de mis propios pecados. Cuando no existe ninguna reverencia hacia DIOS, entonces existe rebelión. Déjame explicarles.

En Proverbios 1:7 dice que el temor hacia DIOS es el principio de la sabiduría. Proverbios 30:31 dice que el encanto es engañoso y la belleza desaparece, pero la mujer que teme (respeta y honra) al Señor es alabada. Podría continuar y continuar, pero mi punto es que cuando tú no respetas a DIOS, no puedes tener sabiduría.

La sabiduría viene de DIOS. Sin sabiduría, puedes derrumbar tu casa. En Santiago 3:13-18 dice que si tu tienes sabiduría, entonces debes probarla con tus *buenas acciones*, realizadas con humildad.

DIOS dice en uno de sus 10 Mandamientos que si honramos a nuestros padres y madres, El nos dará una vida más duradera. Existe una conexión entre honrar a nuestros padres y una vida más duradera. ¿Podrías imaginarte a ti mismo, haciendo tu vida más corta por qué has deshonrado a tus padres de una forma u otra?

DIOS es muy estricto en contra de la rebelión. Podemos verlo en Números 16:1-35, cuando Korah y otros, decidieron rebelarse en contra de Moisés y Aarón. Observa como en el versículo 11, existe una conexión entre las quejas y la rebelión. (En el próximo capítulo hablaremos más detenidamente sobre las murmuraciones y las quejas). No sólo Korah y Dathan se rebelaron en contra de la autoridad, el asunto de raíz era que estaban celosos de Moisés. Así que comenzaron a murmurar y a quejarse de él. Esto causó que ellos y sus familias enteras terminaran en el mundo de los muertos, echados por la misma mano poderosa de DIOS, cuando ÉL abrió la tierra y fueron tragados vivos por ella. Su rebelión fue en contra del mismo DIOS, quien posicionó a Moisés y a Aarón.

Primero que todo, no debes ponerte en contra de uno de los hijos de DIOS. ¿Cuantos de nosotros estaríamos dispuestos a dejar que nos insulten, pero cuando insultan a nuestros hijos, no lo toleramos de misma manera? Bueno, DIOS cuida bien a su pueblo. No sólo tienes que respetar a un hijo de DIOS, sino también a cualquier persona que esté en una posición de autoridad, de otra manera, DIOS se tornará en contra tuya. ¡Esto es pecado! Aún cuando las personas en posiciones de autoridad estén equivocadas, deja a esa persona en manos de DIOS y el se encargará de ella.

El Rey David, en la Biblia, entendió muy bien este punto, cuando Saúl continuaba tratando de matarlo por celos. El Rey David tuvo tantas oportunidades de contraatacar y matar a Saúl. No obstante, el Rey David entendió que Saúl había sido escogido como vehículo de DIOS y, por ende, nunca se atrevió a hacerle daño en ninguna forma o manera. El Rey David no quería que sobre él viniera ninguna maldición (2 Samuel, capítulos 21 al 26).

¿Cuantas veces nos ponemos celosos de otros que están en ciertas posiciones y comienzan a desagradarnos y hacemos su trabajo más difícil? Esto no sólo pasa con los celos, pero digamos que te sientes ofendido con una figura de autoridad y no quieres bregar con esa semilla. Eventualmente esa semilla crecerá y antes de que te des cuenta, te estarás quejando en contra de ellos. Esto se convertirá en calumnias y divisiones, y por ende, te revelarás en contra de sus órdenes. ¡Cuidado...! Esa rebelión no es en contra de ellos, es en contra de DIOS.

Miremos a Números 20:22-29. Nota que aun Moisés y Aarón, no pudieron entrar a la Tierra Prometida y que la posición de Aarón le fue arrebatada porque el también se rebelo. Cuando comienzas a desobedecer lo que es correcto, el Señor comenzará a quitarte posiciones en el ministerio, trabajo, casa, etc.

Yo nunca había podido someterme a mis autoridades o manejar la autoridad muy bien, a causa de que las figuras masculinas que había tenido, me fallaron. Entonces me convertí en una persona muy promiscua y todos los hombres con los que salía resultaban ser abusivos o de alguna manera u otra me hacían daño. Así que tuve que batallar con algunas cosas, incluyendo los miedos.

Creo que debido a que mis padres vivieron una vida sin DIOS y eran bien pecadores, fueron absolutamente rebeldes. Cuando tú, como padre, plantas la semilla de la rebelión en tu vida, no puedes esperar que tus hijos obedezcan. Si la rebeldía existe desenfrenadamente en tu hogar, deberías comenzar por mirarte a ti mismo primero. Si no puedes someterte a la autoridad, entonces tus hijos no se someterán a ti tampoco. Déjame ir más allá: el diablo conoce de DIOS mejor que nosotros. El conoce el poder de DIOS y su unción. El sabe de lo que DIOS es capaz. Recuerda que el tuvo la oportunidad de vivir con DIOS en un tiempo determinado. El sabe de Su autoridad. El sabe como debiéramos vivir. Por ende, si él sabe que estamos viviendo en pecado y no nos estamos sometiendo a la autoridad, entonces él sabe que esto es una puerta abierta para él. Por ende, si estás tratando de echar afuera los demonios, él no se someterá a ti, porque tu no te estas sometiendo a la autoridad. Seguramente, se reirá en tu cara y se sentirá muy cómodo en tu casa. Por eso es que DIOS dice que "*la obediencia es mejor que el sacrificio*".

Aún JESUS se sometió a su padre cuando caminó por esta tierra como humano. ÉL era "el Mesías" (en árabe) o "el

Cristo" (en griego), que significa lo mismo que "El Ungido" quien destruye yugos y ataduras. La mayor unción viene de aquel que no conoce pecado. ÉL no conocía de rebelión.

Aún un oficial romano entendió la importancia de someterse a la autoridad, mientras se acercaba a JESUS y le pedía que sanara a su sirviente. JESUS le respondió que ÉL iría a su casa y sanaría a su sirviente. Entonces mira como el oficial respondió: "O no Señor, yo no merezco que tu vayas a mi casa. Sólo da la orden y mi sirviente se sanará. Yo también soy un hombre bajo la autoridad de un oficial superior y tengo soldados bajo mi autoridad. Yo ordeno a uno 'vé' y el va". Entonces JESUS le contestó que ÉL nunca había encontrado en Israel a nadie con una fe como esta y, en aquel momento, el sirviente del oficial fue sanado (Mateo 8:5-13, VAI). Yo creo que hay un gran poder (unción) en la sumisión.

Es imperativo que respondamos a la autoridad con respeto y obediencia. Romanos capítulo 13 habla acerca de obedecer las autoridades del estado. Si estas conduciendo a 75 millas cuando el límite de velocidad es 55 millas, ¿cómo esperas que DIOS te respalde y te de Su protección hacia la policía, cuando tu estas mal? DIOS espera que tú obedezcas las leyes de la tierra. Aun la Ley de Gravedad está establecida y no debemos ir en contra de ella. DIOS no va en contra de El mismo. En el caso de Corrie ten Boom, una mujer alemana que vivió en los tiempos del régimen de Hitler y quien escondía a los judíos en su casa debido a la crueldad e injusticia, había sido motivada por su carácter humanitario y rectitud. No se estaba revelando en contra de las autoridades, y tampoco lo hizo Rosa Parks, Oskar Schindler, Martin Luther King, Jr., ni muchos otros quienes nunca serán olvidados por sus defensas en contra de las injusticias y por el alto precio que tuvieron que pagar. DIOS sabe cuando es suficiente. No obstante, a lo que me refiero, es a la absoluta rebelión. DIOS trabajará con las autoridades deshonestas de una manera u otra. Por lo tanto, si tu eres un patrono, ten presente como tu tratas a tus empleados y vice-versa.

En mi caso, la rebelión era generacional. Se empeoró cuando tomé la posición de no permitir que nadie tomara ventaja de mí nuevamente. Decidí que no me sometería a las autoridades que gritaran, mostraran agresividad o alguna forma de control, manipulación o que tuvieran características fuertes. Aun cuando su intención fuera buena, para mi era perversa (torcida), porque me convertí en una persona maliciosa para esos tipos de caracteres.

No toleraba que me dijeran que hacer o que me corrigieran de ninguna forma que me pareciera como en el pasado. Además de todo eso, tenía el espíritu de Jetzebel –un espíritu de control y descaro, que también era generacional. Por ende, no podía bregar con una figura de autoridad tratando de darme nada que no fuera lo que yo creía que era lo correcto. ¡Era un desastre…!

Por favor, ten claro que la rebelión de Adán y Eva no tenía nada que ver con DIOS PADRE como su padre. DIOS no tenía pecado y la rebelión de ellos vino de su naturaleza humana y la tentación de Satanás; por ende, no toda rebelión es generacional.

Tuve que aprender (en muchas ocasiones de la manera difícil) que DIOS era ciertamente el mejor camino. Tuve que morir a mi propio deseo muchas veces. He tenido que andar un largo camino y por eso es que sé que, a menos que no obedezcas, tu sacrificio por servir a JESUS es en vano. ¡La obediencia es definitivamente mejor que el sacrificio! Puedes ir a la iglesia toda la semana, puedes hacer todas las cosas correctas mientras otros te observan, puedes ayunar por 40 días, pero si DIOS te ha pedido que lo obedezcas en cierta área de tu vida y lo has ignorado, entonces tu estas en pecado. ÉL no puede tan siquiera aceptar tu ofrenda, si no le has obedecido.

Mateo 5:21-26 nos dice que si estas ofreciendo una ofrenda y recuerdas que tu hermano ha hecho algo en contra tuya, entonces ve y arregla las cosas con él para que DIOS pueda aceptar tu ofrenda. Si tu desobedeces esto, entonces no estas correcto ante los ojos de DIOS.

Incluso, me puse rebelde en contra de la autoridad de mi esposo, porque su carácter era muy fuerte. Según pasaron los años, hemos atravesado por una serie de situaciones en las cuales él ha dicho y hecho cosas las cuales me han herido tremendamente. Tenía algunas ofensas guardadas en mi corazón. No me había fijado, hasta que DIOS me mostró que la verdadera razón por la que lo contradecía o me rebelaba tanto en contra de ÉL, era por los asuntos de mi pasado y por las ofensas en mi corazón hacia ÉL. Una de las formas en las que DIOS lidió conmigo en esta área fue revelando mi verdadero corazón y diciéndome que tenía que perdonar, aun cuando eso significara que lo tenía que perdonar todos los días. Otra de las formas fue aprendiendo a someterme, aun cuando no tuviera razones para hacerlo. Recuerdo como le grita a DIOS: "¡Pero DIOS, tu viste lo que él hizo y como actuó hacia mi!"

Nuevamente DIOS respondió: "¿Lo harías por Mí? Yo trabajaré con él, pero ¿lo harías por Mí? ¿Lo harías por la unción (el llamado, el ministerio, o el destino) que tengo para tu vida? ¿Lo harías?"

En este punto, sabía que me tenía que rendir y decir: "Sí Señor lo haré para Ti, porque nada ni nadie es tan importante como para echarlo todo a perder…"

Un ejemplo de las maneras en la que he tenido que morir a mi misma, a mi carne y a mis deseos ha sido el hacer completamente lo opuesto a lo que siento. Si estaba enfadada con mi esposo y no sentía el deseo de recoger sus cosas detrás de él, DIOS me pedía que lo hiciera. ¡Oh, como eso comenzó realmente a trabajar con mi actitud! Mi cuerpo entero se tensaba y comenzaba a murmurar y gruñir a DIOS, acerca de lo mucho que no deseaba hacerlo. Era como un "grito de guerra" para mi.

Otras maneras en las que DIOS trabajó conmigo sobre mi esposo, fue orar con él en el momento del enojo. ¿Quién quiere orar cuando estas enojado(a)? Pero en lo profundo, sabía que era lo correcto. Existieron tantos momentos y formas en las que DIOS trabajó conmigo acerca de hacer totalmente lo opuesto a lo que sentía. Créanme, cuando obedecía a DIOS, la paz llegaba. Pero también trabajaba con el corazón de mi esposo, al punto que terminaba disculpándose cada vez que yo me rendía. Sobretodo, mi esposos es una bendición para mi y un gran padre.

Tal vez no será el caso en que todos lo ofensores se disculpen. No obstante, ten por seguro que DIOS te está respaldando. DIOS compensará a aquel que se somete y obedece. ÉL te levantará. No dejes de tratar.

Esto me hace recordar una escritura que siempre está sobre el escritorio de mi computadora, y la que leo todo el tiempo. La escritura es Galateos 6:9 (NVAI); "No nos cansemos de hacer el bien, por cuanto al tiempo correcto, recogeremos la cosecha si no nos damos por vencidos."

Recuerda "se fiel en lo poco y eventualmente, DIOS te dará más (parafraseado de Mateo 25:23). Tan pronto tu sepas que DIOS te está pidiendo que le obedezcas en una área, hazlo; de otra manera, ÉL no te moverá de ahí. Comienza con cosas pequeñas como sonreír cuando realmente no sientes el deseo de hacerlo; llama a alguien, aunque sepas que siempre se está quejando; viaja la milla extra en tu carro para llevar a alguien a su casa o prepara un almuerzo para alguien que te haya ofendido. Hay tantas formas, pídele a DIOS que te las muestre.

Tienes que hacer tiempo para renunciar al pecado de la rebelión y arrepentirte. Pídele a DIOS que te haga conciente de cuando estés operando en rebelión y terquedad. El orgullo puede ser parte de esto. Recuerda que tenemos al Espíritu Santo que nos puede revelar estas cosas. Sólo pídele que te las muestre. ÉL está dispuesto a completar el buen trabajo que *ÉL* comenzó en ti. ÉL fue el que te guió hacia ÉL y quien te inició en este viaje. Si ÉL te escogió y te sacó, aun cuando tú no encontrabas el camino, entonces ÉL terminará el trabajo.

Sólo sométete a ÉL y has su voluntad, de otra manera, estarás retrasando tu proceso. ÉL comenzó tu viaje y estará contigo hasta que llegues a la meta.

Después de todo esto, sólo hay una cosa que decir; "Ten reverencia hacia DIOS y obedece Sus mandatos, porque para esto fue creado el hombre" (Eclesiastés 12:13-14, VAI). DIOS juzgará todo lo que hagamos, sea bueno o malo, aun aquellas cosas echas en secreto.

"A través de '*Asuntos con Raíz*' encontré que tenía puertas espirituales abiertas que no sabía que existían. Ciertamente creo que pasé por algo de liberación en su clase. Ahora sé que puedo cerrar estas puertas a través de Cristo, JESUS…"

Rosemary, de Ruskin, Florida

Capítulo 6

Las Puertas

Yo considero los ojos, oídos y la boca como puertas. Comencemos leyendo Mateo 6:22; que dice que los ojos son las ventanas del alma. Sólo piensa en tus ojos y oídos como puertas que se abren para permitir la entrada de ciertas cosas, sean buenas o malas. Un ejemplo es la pornografía. Si estas mirando pornografía, entonces estarás permitiendo que espíritus de perversión, lujuria, seducción y adulterio entren en ti, y entonces ellos tomarán posesión de tu mente y de tus deseos.

Así como DIOS se manifiesta de tres maneras, Padre, Hijo y Espíritu Santo, nosotros somos tres partes. Estamos compuestos por espíritu, alma y cuerpo. Nuestra alma está compuesta de la mente, la voluntad y las emociones. Entiende que nuestras puertas están conectadas a nuestra alma. Cuando permitimos la entrada de películas de horror a través de las puertas de los ojos, no podemos borrar las imágenes que hemos visto. Van a estar proyectándose en nuestra cabeza por días o incluso por años. Podrías estar permitiendo que un espíritu de miedo entre y, antes de lo que imaginas, no podrás dormir en la noche. Cuando permites que las puertas de los oídos escuchen cierta música que no es beneficiosa para ti, te conviertes en lo que escuchas. Algunos jóvenes han cometido suicidio o han manipulado lo diabólico debido a esa música. Otros han permitido que sus emociones jueguen con ellos debido a las letras como "ella me dejó por otro" o "no puedo vivir más sin él".

¿Qué del chisme y de las quejas? Cuando escuchamos a alguien quejarse, esto nos afecta a nosotros y comenzamos a quejarnos. Después de un tiempo, estamos decaídos y fuera de foco debido a lo que hemos escuchado. Si alguien te dice que tu nariz es muy grande, vas a comenzar a mirarte en el espejo cada vez más y más, hasta que te convenzas de que necesitas cirugía plástica. Si alguien comienza un chisme sobre una persona, sea cierto o falso, yo te garantizo que nunca vas a ver a esa persona de la que estaban hablando, de la misma manera. Esto se llama la "ley de la exposición".

La mente y las emociones están conectadas a nuestros ojos y oídos. Esto es tan cierto, que las compañías pagan millones de dólares para colocar un comercial de 30 segundos, con la certeza de que si lo ves por tiempo suficiente, te acordarás del producto la próxima vez que vayas de compras. Esta ha sido una de las maneras más efectivas de afectar las compras de los consumidores.

Esto funciona tanto, que he escuchado a estudiantes de colegio decir que ellos ponen las grabaciones de sus clases durante toda la noche, antes de tomar un examen, para así aprender el material durante la noche mientras duermen. Nosotros hacemos esto en nuestra casa. Ponemos la Biblia audible toda la noche, y después de varios días puedes escuchar a mis hijos recitar algunas de las cosas de las que menciona el CD.

Hace algunos años atrás, escuché decir que ciertas tiendas colocan mensajes subliminales detrás de la música que se toca en la tienda que dicen "no robes" repetidamente, con la esperanza de que los ladrones de tienda se les grabe en el sub-conciente y que reciban el mensaje.

En el libro de Génesis, ¿qué atrajo a Eva hacia la fruta? Además del hecho de que la serpiente estaba incitándola, hay algo que se llama lujuria de la carne y lujuria de los ojos.

Ella *vio* que era bueno. Ella ni siquiera lo había probado. Todo pecado tiene consecuencias. Todos sabemos lo que le ocurrió a Eva. Cuando uno ve una mujer o un hombre hermoso, la probabilidad es que mires una y otra vez. Vas a mirar esa persona de arriba a abajo. No obstante, lo correcto es alejarte y no volver a mirar. ¿Qué tu crees que ocurrirá si miras y observas? Tu carne comenzará a reaccionar con deseos que no son debidos. Mi esposo le llama a esto la parábola de la dona de chocolate. Mi esposo tuvo problemas con su peso por mucho tiempo; sin embargo, el recuerda el testimonio de una mujer que se vio retada por problemas de salud. Ella se estaba comiendo una ensalada en un restaurante cuando el repostero del lugar salió con una bandeja de donas de chocolate acabadas de hornear. Ella comenzó a orar y escuchó cuando DIOS le dijo; "¡No mires…!"

Ella respondió; "¿Eso es todo, *no mirar…*?"

DIOS volvió y le respondió; "¡No mires…!"

Por ende, la victoria la ganó cuando tuvo la fuerza de pagar por su ensalada y salir del restaurante sin comprar una dona. El poder de la lujuria de los ojos provocará que caigas continuamente, si no comienzas a orar y a ser auto-disciplinado en esta área. Definitivamente, este era el problema que tenía Sansón y tuvo que pagar un precio muy alto (vea Jueces, capítulo 13 al 16). Podemos ver también lujuria de los ojos con David y Bathsheba (2 de Samuel, capítulo 11), a tal punto que hubo muerte, asesinato, violencia, más lujuria y la perversión que se apoderó, no sólo de David, pero también de los miembros de su familia. Yo diría que David planto la semilla para una maldición generacional.

¡Tenemos que dejar de estar alimentando la carne! ¡La idea es correr! Muchas veces entretenemos nuestros ojos, oídos y pensamientos con deseos carnales. No tomamos en consideración las consecuencias que nos sobrevienen, para destruirnos a nosotros y a nuestros seres queridos.

Hablemos ahora de la puerta de la boca. La boca es una gigantesca trampa para muchas personas. Echemos un vistazo más profundo y leamos a Santiago 3:1-12. La lengua es un pequeño miembro del cuerpo, pero puede ser muy destructiva. Recuerdas el viejo dicho que dice "Palos y piedras podrán romper mis huesos, pero las palabras no me harán daño nunca". ¡Eso es una mentira…! Algunos de nosotros nos criamos con palabras que son muy negativas. Algunos padres maldicen a sus hijos, confesando que son malos, tontos, buenos para nada, gordos o feos. De forma negativa, algunos padres hasta los comparan con sus abuelos o abuelas, con resentimiento en el tono de la voz. Sí, esas palabras duelen.

Yo, por ejemplo, odiaba cuando ese tipo de palabras eran dichas sobre mi persona todos los días, hasta que un día dije; "bien, si mamá quiere llamarme 'mala' y constantemente dice que soy igual que mi padre, entonces lo seré". En aquel momento odié a mi padre por todas las cosas negativas que le había hecho a nuestra familia. Para ella, compararme a mí con él era como una puñalada. Pero, déjenme aclarar que mi padre ha caminado un largo trecho y es una persona diferente hoy en día.

¡"Tendrás lo que dices si no tienes cuidado!" Bajo su ignorancia y su amargura, básicamente mi madre me echó maldiciones con su boca. Tomo años revertir todo lo que ella había dicho en contra de mi.

Tuve que renovar mi mente con la Biblia, para poder empezar a pensar como DIOS quería que pensara. Tuve que deshacerme de toda la basura que los demonios habían depositado en mi vida y que me hicieron sentir por años que no valía la pena.

DIOS quería que yo creyera que era su princesa y que ÉL me amaba incondicionalmente. Quería que supiera que a pesar de que todos fallamos de vez en cuando en diferentes áreas de nuestras vidas, todo se trata de seguir Su rectitud y pensar en lo que ÉL hizo en la cruz por nosotros. ÉL no mantiene un expediente de las cosas malas. Según comencé a creer lo que la Palabra de DIOS dice sobre lo que yo soy en ÉL, mis acciones, mis emociones y toda mi vida se fue alineando con la verdad. No obstante y hasta estos momentos, aunque mejoro cada año que pasa, si no tengo cuidado cuando la gente me critique, me rechace, me acuse, me enjuicien incorrectamente o me ridiculicen, podría volver a caer nuevamente en la trampa. Tengo que mantenerme en guardia para que no vuelva a ocupar mi corazón.

La Biblia dice que existe poder de vida o muerte en la lengua (Proverbios 18:20-21). La lengua puede ser filosa como una espada y puede penetrar en el corazón de otra persona. Piensa en alguien de tu juventud o de ahora, que tenga un problema con confesiones negativas o una lengua hiriente. La Biblia también dice que "de la abundancia del corazón, la lengua habla..." (Mateo 12:34). ¿Podría ser que las cosas que esta persona dice, tengan que ver con asuntos de la raíz del corazón? Si conoces a esta persona bien (puedes incluso ser tu), piensa en su niñez. Piensa en aquellas cosas negativas que pudieron ocurrir en su vida. Quizá sea que eso fue con lo que la persona creció y es todo lo que sabe. Esta persona esta amargada y no tiene otra cosa que no sea odio en su corazón. Esta persona fue probablemente rechazada o criticada durante toda su vida, y eso es lo único que sale de su boca ahora. Si es cierto que existe poder de vida o muerte en la lengua, entonces tú sólo puedes sembrar semillas que beneficien o que maldigan tu vida.

Veamos algunos ejemplos de cosas que decimos sin pensar, bien sea porque es una costumbre, una forma de expresión o porque es una realidad:

- ¡"Me estoy volviendo loco"! o ¡"estoy perdiendo la mente"!

- ¡"Esto me está matando"! o ¡"Estoy tan harto de esto o de aquello"!

- ¡"Odio esto o aquello"!

- "Mi enfermedad..." o "mi problema es..." (estas reclamando que es tuyo. Lo que debieras decir es "el problema..." o "la enfermedad...")

- ¡"Tu nunca vas a cambiar..."! (Si estas esperando que algo o alguien cambie, pero continuas constantemente diciendo que no lo va a hacer, entonces tendrás que sufrir las consecuencias de lo que estas confesando)

- Maldiciones: "Como pueden salir aguas dulces y aguas amargas de la misma fuente..." (Santiago 3)

- ¡"Estoy en la ruina, estropeado o disgustado"! o "¡No puedo comprarlo"! (aunque sea cierto, deberías alinear tus palabras con la voluntad de DIOS para con tu vida. Deberías cambiarlo a "Puede que no sea el momento de tener esto, pero ya llegará..."

Mi punto es que deberías ser más positivo en tus confesiones. Para que esto suceda, debes de renovar tu mente con la Palabra de DIOS, que es la forma en que ÉL

Piensa. Muchos cristianos oran y van a la iglesia, pero fallan al no leer la Biblia. Son vagos, no tienen tiempo o simplemente tienen otras prioridades que los mantienen alejados de esta herramienta tan poderosa. La fe viene de la Palabra de DIOS. Renovar tu mente viene del saber como ÉL Piensa y su voluntad se reconoce muchas veces a través de la Biblia. También, la Biblia sirve para reprender al diablo, así como lo hizo JESUS en el desierto (Lucas 4:1-13).

Otra de las cosas que te ayudan a cambiar tus confesiones, es la abundancia del corazón. ¿Qué hay ahí?, ¿De qué estas lleno? Tómate el tiempo para preguntarle a DIOS y analizar este aspecto de tu vida. Recuerda si te la pasas con alguien que siempre esta maldiciendo, eventualmente estarás cayendo en lo mismo. Mientras más ves u oyes ciertas cosas, más te vas llenando de esas cosas y más te vas convirtiendo en esas cosas, sean buenas o malas.

Ahora, no me malentiendas, todos resbalamos o caemos en algo de vez en cuando, pero estoy hablando de algo que es parte de tu estilo de vida.

Veamos algunas de las formas en que la boca puede operar de forma negativa:

- *Mentiras* – Sí, incluso aquellas pequeñas mentiritas blancas o exageraciones, no son aceptadas ante los ojos de DIOS.

- *Maldiciones o malas palabras* – Puedes tratar de mantenerlas fuera del oído de tus hijos, pero DIOS las escucha.

- *Una lengua aduladora* – Cuando adulas a alguien por los motivos incorrectos, aun siendo porque necesitas tener amistades y estas adulando para recibir aceptación, esto es incorrecto.

- *Una lengua divisoria* – buscar la oportunidad para traer divisiones, especialmente en el Cuerpo de Cristo, es pecado.

- *Cínico/ridículo* — Aún cuando seas un comediante y utilizas los sentimientos, estilos o impedimentos de las personas para hacer tus bromas, ten seguro de que no estés tocando temas que pueden ser sensitivos para otros o para DIOS. Por cierto, fui criada bajo muchas ridiculeces. Si me caía, mi familia se reía; cuando miraba una película y lloraba como una niña, me ridiculizaban. Fue tanto y tanto, que dejé de llorar en frente de mi familia y sólo lloraba cuando estaba sola. Aun en estos días, no lloraría en frente de cierto tipo de audiencia, más aun si sé que tienen un espíritu burlón en ellos. ¿Dije espíritu...? Sí, incluso hay ocasiones que puede ser diabólico. Puedes estar necesitando liberación de ciertas cosas como rechazo, burla, odio, espíritus sucios (maldiciones), etc.

- *Quejas* – Es una gran puerta abierta. Esta es *una* de las razones por la que los israelitas vagaron en el desierto por tanto tiempo. Si te parece que no estas avanzando en tu vida, observa a ver si eres un quejoso compulsivo. Algunas veces puedes estar llevando una ofensa en tu corazón y esta raíz de amargura puede estar causando que te quejes o que murmures.

Un corazón quejoso, puede abrir una puerta a la muerte (1 Corintios 10:10). Por lo tanto, puedes estar trayendo enfermedades sobre ti, sólo por estar quejándote constantemente. Recuerda, no estoy hablando de esas cosas con las que todos necesitamos un momento de desahogo; por lo contrario, lo que quiero decir es que ese es en quien te has convertido.

Podríamos continuar con una lengua viperina (menospreciante) o una lengua de crítica y calumniante, aun con una lengua chismosa, sarcástica y muy atrevida o una lengua orgullosa, que todo lo sabe, o dudosa. Esto sólo para mencionar algunas de las formas en las que tu lengua puede producir un mal fruto o traer muerte o maldiciones a tus situaciones en la vida.

Si aun no has podido determinar porque continúas dando vueltas en el mismo ciclo en tu vida de forma negativa, entonces la alternativa podría ser que tu boca ha mantenido una puerta abierta al diablo. Si no puedes controlar tu boca, entonces necesitas orar para que DIOS te ayude a auto-controlarte. Quizás un pequeño ayuno te ayude en esta área. Ayunar es una forma de negarle a la carne lo que ella quiere. Esta es una buena manera de practicar auto-disciplina en tu vida. Puedes incluso practicar ayuno de palabras, manteniéndote sin hablar por teléfono por un día o dos. Te sugiero que uses la sabiduría y la dirección de DIOS para esto. Morir a tus propios deseos es bien doloroso. Aun JESUS tuvo que pasar por esto en el desierto y en el Getsemaní (Lucas 22:39-46). La pregunta es: ¿"cuanto vale esto para ti"? ¿Cuanto estarías dispuesto a sacrificar por tener una mente, un corazón y una boca saludable?

Hay poder de vida o muerte en tu boca. Tú escoges. Esto puede ser una gigantesca puerta abierta, así que por favor, no lo tomes a broma; ¡escoge vida...!

"Puedes tener por seguro que en el día de juicio todos tendrán que dar cuentas por cada palabra ociosa que hayan hablado. Tus palabras serán utilizadas para juzgarte –para declararte inocente o culpable" (Mateo 12:36-37, VAI).

"Pastora Mayra, usted es una dinámica mujer de DIOS. Su amor y compasión penetra a través de los corazones de aquellos que han sido heridos. Mientras atendía una de sus conferencias, experimenté una sanación profunda que renovó mi espíritu, permitiéndome ir más allá. Usted es ciertamente una bendición de DIOS."

Linda, de Vineland, Nueva Jersey

Capítulo 7

<u>El Rechazo</u>

Había una mujer que fue rechazada toda su vida por sus amigos, maestros y hasta por ella misma. Ella sabía que había batallado con esto toda su vida; no obstante, ella nunca entendió por que o de donde venía. Según ella fue avanzando en los caminos de DIOS, se dio cuenta que necesitaba ayuda en esta área. Había pasado por tantos rechazos que ya se estaba empezando a crear un complejo y una baja auto-estima. Llego al punto que si ella conocía a alguien, comenzaba a rechazarlo, por miedo a que la rechazaran primero. Aunque ese no fuese el caso, nunca lo sabría porque ya estaba programada a que era ella la que iba a rechazar primero. Ahora ella sufría del rechazo, del auto-rechazo y del miedo al rechazo.

El orgullo puede llegar como un mecanismo de defensa para aumentar el ego de una personalidad rechazada. Después de sentir tanta baja auto-estima, uno puede convertirse en una persona altanera, creándose una personalidad de indiferencia o superioridad. El pensamiento es: *"voy a destruirte a ti, para realizarme yo"* o *"soy mejor que tu, mira lo que puedo hacer"*. Esta es una forma de esconder el verdadero dolor y el rechazo. También puede crear una muy mala actitud de coraje porque una persona lastimada siempre contraataca al dolor. El rechazo o el miedo a éste, puede incluso conducir al perfeccionismo y a la vanidad, para poder esconder las imperfecciones debido a la necesidad de aceptación.

Algunas personas pueden incluso crearse una doble personalidad (esquizofrenia), debido al rechazo abusivo. Una personalidad es tímida e introvertida; la otra personalidad es agresiva y rebelde. Algunas personas se convierten en personas bien controladoras debido a los múltiples rechazos. Para ellos, esta es la forma de esconderse detrás de una identidad rechazada.

La persona de la que hablamos anteriormente, comenzó a aprender y a renovar su mente sobre quien era ella realmente. Comenzó a mirarse a ella misma a través de los ojos de DIOS y comenzó a entender cuanto realmente ÉL la aceptaba. Un día, mientras estaba orando y buscando de DIOS para saber porque ella sentía tanto rechazo hacia ella misma, vio una visión que se apareció frente a sus ojos. En esta visión ella vio una sala de parto. Vio a un bebe recién nacido y a las enfermeras que lo cargaban para limpiarlo. Mientras la enfermera traía al bebe a las manos de su madre, la madre le dijo a la enfermera, "llévetelo de aquí...". En ese momento, la mujer que estaba viendo la visión entendió que ese bebé era ella. Esa era la razón por la que toda su vida había vivido en un círculo de rechazo. Comenzó en la matriz de la madre y continuó en el hogar, luego los maestros, amigos, novios, jefes, etc. Ella sabía que tenía que romper esa asignación que había en contra de ella.

Una de las razones por las que DIOS me seleccionó a mí para que escribiera este libro y enseñara *"Asuntos con Raíz"* a los prisioneros, centros de detención juveniles, retiros de mujeres, iglesias y otros lugares, es porque yo también pasé por todas las experiencias mencionadas a través del libro. Muchas veces me sentí que me hicieron para no sentirme amada, me dijeron que no era lo suficientemente buena y recibí muy poco afecto. No sólo fui abandonada y rechazada por mi padre, sino que mi madre fue muy abusiva verbalmente, debido a su propios rechazos y dolores. Por años, todo lo que me hicieron y dijeron se fue grabando en mí, al punto que comencé a rechazarme a mi misma. Realmente era una asignación del enemigo. El constantemente me mentía y yo me alimentaba de esas mentiras. El diablo sabía esto, así que siempre había alguien durante las diferentes etapas de mi vida que me rechazaría o diría algo sobre mí. Se puso tan malo que cuando algo salía mal, me sentía intimidada y avergonzada, al punto que buscaba la manera de arreglarlo, pensando que era mi culpa. Buscar la forma de arreglarlo significaba que si tenía que llorar, argumentar, discutir, contraatacar, pisotear, exponer a alguien o dejar de hablarle a alguien; lo haría. Sólo quería demostrar mi valor frente a mis acusadores.

Por muchos años, incluso como líder cristiana, me sentía que cuando ellos pensaban que estaba equivocada, lo aceptaría, sin realizar que no siempre era yo y que podían ser otros los equivocados. Estaba convencida de que yo era el problema. Caía en culpabilidad y condenación debido a que siempre me sentía culpable por algo. También me condujo a sentir lástima por mi misma y miedo a lo que otros podrían pensar de mí, si llegaban a conocer a la "verdadera yo"... ¡Mentiras...!

Fui liberada de muchas situaciones del corazón que estaban sembradas tan profundamente y que me dejaban sin esperanzas. Entonces DIOS, en su infinita gracia, (misericordia, e amor incondicional,) me libero y me dio una vida de muchas oportunidades y bendiciones. Tuve que poner de mi parte y aprender a negarme lo que yo quería y hacer las cosas a la manera de DIOS. Tuve que aprender a obedecer, aunque doliera. Hay una gran recompensa en eso, DIOS paga muy bien. Muchas veces el Espíritu Santo me lleva a Escrituras que hablan sobre progreso. "Mientras progresas, Yo (DIOS) sacaré de ti los habitantes (demonios o aquellas cosas que evitan que progreses) de la tierra" (Deuteronomio 7:1, 22, 24; 8:20). Literalmente tuve que renovar la manera en que pensaba, poniendo la Palabra de DIOS en mi cerebro. Tuve que verme a mi misma a través de Sus ojos amorosos incondicionales.

La clave es progresar y continuar adelante. No importa cual sea el costo, ¡continua adelante...! Mientras más me someto a Jesús, resistiendo al diablo (Juan 3:7-40), más el enemigo se tiene que alejar. Mientras más lo hago a la voluntad de DIOS, más DIOS trabaja por mí. La palabra "resistir", es un verbo muy fuerte. Es una fuerte y resistente oposición, como en los enfrentamientos de los partidos de "football". Cuando te resistes, aunque no sea literal, aun en lo espiritual, es una resistencia completa. Es una lucha. Cuando quieres un pedazo de bizcocho, pero sabes que no debes de comértelo, te estás esforzando con todo lo que tienes para *resistir* a la tentación.

Sabiendo que has sido rezachado, entonces es probable que tengas el corazón lleno de odio. Con el rechazo, también adquieres inseguridades, baja auto-estima, complejos, lástima y celos de los demás (¿por qué ellos tienen y yo no?). Puede que hasta comiences a acusar, juzgar y adular los errores de otros, sólo por el hecho de desviar la atención de tus propios errores.

Cuando eres un niño(a) pequeño(a), quieres con todas tus ansias que tu papá esté ahí para ti, pero entonces, no está; la probabilidad es que comiences a buscar el amor en los lugares incorrectos. Puede que seas del tipo que le ruegas a alguien que se quede contigo. Estas dispuesto(a) a comprarle joyas, darle dinero, vestirlo(a) y verlo(a) irse con otra persona, sólo por el hecho de tener a alguien ahí cuando lo necesites, aunque sólo sea a tiempo parcial. Has caído tan bajo que eres capaz de ponerte de rodillas y pedirle perdón a alguien por algo que no hiciste, sólo para asegurarte de que regrese. Estas dispuesto(a) a matarte a ti mismo(a), sólo por que estas muy necesitado(a).

He sabido de mujeres que están dispuestas a compartir a sus esposos con tal de que no las dejen solas. ¿Dónde está tu valor propio? Personas como tu no pueden ganarse el respeto de otros, porque no te respetas a ti mismo. Te van a abandonar tarde o temprano si no cambias. De otra manera, serás miserable. Tienes que aprender a aceptarte a ti mismo primero. Aprender a amarte. Todo esto tiene que ver con el rechazo.

Si cuando niño tuviste una madre dominante, de carácter fuerte y rechazante, puedes tornarte en homosexual, tímido o bien agresivo. Cualquier persona que ha tenido tanto rechazo en su vida puede terminar por rechazarse a sí misma, y no pueden darle afecto y cariño a los que aman; nunca lo han tenido, así que no saben como ofrecerlo. Es difícil para alguien que ha sido rechazado, recibir amor. Si realmente amas a alguien, pero ese alguien tiene rechazos en su pasado, entonces se muy paciente con él. Sólo tu, mostrándole constantemente que tu amor por el o ella es sincero, le enseñarás a creer y a responder. No quisiera compararlo de esta manera, pero es como un niño o niña que ha sido abusado. No saben responderle a las personas correctas o a los motivos correctos. Les toma observar, estudiar y recibir afirmación repetida de tu parte.

Otras maneras de rechazo que pueden haber ocurrido en tu vida pueden incluir el abandono de alguien a quien amabas, pasar por un suicidio, muerte, divorcio o que tú esposo haya cometido adulterio. Quizás has estado llevando esto, pensando que no has sido una buena esposa, que eres fea o tal vez que no eres lo suficientemente buena haciendo el amor. Esto puede ser un golpe muy fuerte para tu estima. Puedes incluso estar cargando la culpa de que tus padres se hayan divorciado y que fue tu culpa. También, si tu padre o tu madre han hablado de haberte abortado, aunque ellos hayan cambiado su pensamiento; el sólo hecho de que haya existido la posibilidad puede haber plantado la semilla en ti.

Si tú hubieses sido el padre o la madre que hubiese querido abortar a tu bebé, ahora es el momento correcto para pedirle a DIOS perdón. El aborto es un espíritu de asesinato y es un pecado. DIOS te ama lo suficiente para perdonarte, pero tienes que arrepentirte de corazón y ciertamente perdonarte a ti misma. Si sólo tuviste un padre que te crió debido a que el otro murió, esto puede significar una necesidad en tu vida. Conozco de un hombre que fue criado por su padre y su madrastra, porque su verdadera madre murió cuando él era un niño. Como hombre se emborrachaba y se tiraba al piso a gritar "¡mamá, mamá, mamá"...! Nunca entendí, hasta que comencé a trabajar con liberación y con sanidad interna. Este hombre tenía un vacío que sólo DIOS podía llenar. Observa esta área y mira a ver si esto tiene que ver algo con tu necesidad de amor, especialmente por parte de alguno de los géneros.

Tal vez como el hombre, te sientes responsable de ser la cabeza de tu hogar. Tienes una esposa que se pasa quejándose sobre como tu no llenas sus expectativas; tienes hijos que necesitan disciplina, pero no te queda ni una gota de energía. Tienes deudas que pagar y aun tu jefe está sobre ti, haciéndote sentir que puedes perder tu trabajo en cualquier momento. ¿Cuál es el verdadero asunto de raíz en este escenario? ¿Puede estar DIOS llevándote a otro nivel completamente diferente? ¿Necesitas tener una mejor relación con DIOS? ¿Tienes una actitud de "macho" u orgullo, y ahora todo se te viene arriba? No obstante, esto es suficiente para hacerte sentir como un fracasado. El rechazo puede ser una de las mayores partes de tu vida en este momento. El fracaso puede venir de dentro de ti y quizás muy dentro de ti te has dado por vencido. Quizás te has rechazado a ti mismo, desde que todo el mundo te hace sentir como un perdedor, así que piensas que la respuesta es renunciar a todo. Una cosa que si te puedo asegurar, es que DIOS estará de tu lado, desde el momento en que empieces a jugar por Sus reglas. Aun lo que el enemigo intenta para mal, DIOS lo convertirá en bien para todos aquellos que lo aman (Romanos 8:28). Mírate a ti mismo y encuentra la raíz. Renunciar no es la respuesta; hay mucho más dentro de ti que otros necesitan, incluyendo a tus niños. ¡No te eches para atrás…! ¡No creas en mentiras…!

Si fuiste criado en un orfanato o en un hogar adoptivo por cualquiera fueran las razones, lo más seguro es que sufras de una gran cantidad de sentimientos de rechazo. Entiende que tienes que perdonar a tus padres, aunque puede que te cuestiones acerca de ellos de vez en cuando. No obstante, DIOS no quieres que lleves esta carga por el resto de tu vida; por ende, perdonar es importante, principalmente para ti.

DIOS siempre nos da otra oportunidad en la vida. ÉL es capaz de hacer contigo grandes cosas, si sólo le permites hacerlo. Cree que DIOS te ha adoptado y te ama grandemente. DIOS te ama incondicionalmente, lo que quiere decir que no importa a quien te parezcas o lo que hayas hecho, DIOS te aceptará y te amará. Cuando le das tu vida a Jesús, ÉL te recogerá como propiedad suya y te guardará por toda la eternidad. ÉL dice: "Nunca te dejaré, ni te abandonaré".

Tienes un llamado de lo alto en tu vida. Esto quiere decir que DIOS realmente tiene un gran plan para ti, trabajando para ÉL en una forma muy poderosa. Si esto es así, la oportunidad es que el diablo huela este llamado en tu vida y trate de detenerlo a cualquier costo.

El diablo tendrá tareas en contra tuya, para sentarte y callarte la boca. Un ejemplo de esto fue el llamado en mi vida para que cantara, predicara y profetizara. Nota que para todos estos llamados, tengo que utilizar mi boca. Algunas veces tu mayor fuerza puede ser tu mayor caída. He creado problemas y situaciones hablando y diciendo lo que tengo en la mente en momentos en que no debí hacerlo. Pero al menos lo reconozco, lo que hace una gran diferencia.

Desde el momento en que comencé mi viaje con DIOS, he tenido pastores que me han sentado y me han callado la boca. He tenido pastores que me han dicho que no soy una profetisa y que no puedo dar la palabra que está tratando de salir de mi boca. He tenido pastores que me han dicho que otras personas pueden orar y hablar en lenguas, pero yo no. He tenido líderes que me han retado y me han dicho que no puedo cantar en el concierto porque he perdido una de los ensayos, aunque otros han perdido varios de ellos.

Los líderes del coro me han dicho que tengo que pararme en la parte de atrás, no porque sea alta o porque no sepa cantar, sino por la tarea que yo se que existe en contra del ministerio que DIOS tiene para mi.

Podría hablar de tantos casos, no obstante me he sometido y he llorado muchas veces pensando: "DIOS, se lo que me has dicho pero me están rechazando". Me sentía constantemente rechazada, sin realizar que realmente no era a mí a quien rechazaban, sino a la gracia que había en mi vida.

Recuerdo haberme dado coraje con DIOS y tirarme a la cama llorando y gritando: "¿por qué me diste todos estos regalos si no los puedo utilizar?" Creo que DIOS me estaba adiestrando en medio de todas sus ignorancias y rechazos. Finalmente aprendí, después de someterme muchas veces y poner la otra mejilla, que DIOS ciertamente estaba preparando mi corazón y que en medio de la persecución, todavía continuaba llamada a hacer la voluntad de DIOS y que era cuestión de tiempo para que DIOS me sacara de entre ellos y me colocara donde tenía que estar.

Ten en mente que mientras iba a través de mi proceso, tuve la oportunidad de visitar varias denominaciones. Debido a las diferentes cosas que ocurrían en estas iglesias, el Señor no permitía que me quedara. Ésta fue la etapa de mi vida donde estuve batallando con denominaciones, políticas de las iglesias y permitiendo que el Espíritu Santo quebrantara las limitaciones. Creo que DIOS permitió que pasara por estas experiencias para así conocer lo que se puede y no se puede hacer con el ministerio. Estoy tan contenta de que tuve la oportunidad de hacerlo. Tuve la oportunidad de aprender muchísimo sobre las cosas que eran correctas e incorrectas. No le recomiendo a los miembros que salten de iglesia en iglesia. En mi caso, había sido cristiana por muchos años con una oportunidad que sólo DIOS puede dar. No obstante, he sido leal, fiel y dedicada. Te recomiendo que resistas, te guste o no. No te muevas a menos que DIOS te diga que te muevas. Puede que pierdas otras lecciones que DIOS quiere darte mientras estás ahí. ¡Esto es obediencia...!

He tenido pastores que han venido a mi, años después y me han pedido perdón. Esto es realmente DIOS. No importa quien sea el que te rechace, ten por seguro que DIOS te acepta.

No hay pecado tan grande que DIOS no pueda perdonar. ÉL te ama incondicionalmente y nada ni nadie podrá separarte de Su amor (Romanos 8:38-39)

¿Quién ministra a los violadores, a los asesinos, a los que molestan a niños, a los criminales, a los abusadores, a los pandilleros, a los adictos...? ¿Sabías que han sido rechazados por la sociedad y las iglesias? Después de todo, ¿no crees que DIOS también los ama? ÉL no está de acuerdo con lo que hacen, pero sólo DIOS sabe el por qué. Alguien tiene que hablarles y enseñarles del amor de DIOS. Alguien tiene que preocuparse lo suficiente para darle una esperanza de liberación. Por supuesto, tenemos que utilizar sabiduría y saber que es el Espíritu Santo quien nos permite hacer lo que hacemos y saber a quien hablarle; no obstante, son humanos también.

Si te encuentras en cualquiera de las categorías antes mencionadas, ten por seguro que hay esperanzas para ti. DIOS puede perdonarte y aceptarte entre sus brazos.

Toma un momento para arrepentirte. Sinceramente y desde tu corazón, pídele a DIOS que te perdone. Puede que aun tengas que sufrir algunas consecuencias, como pasar tiempo en prisión, o sabiendo que la persona que mataste no podrá regresar, pero DIOS ciertamente puede restaurarte. Deja de rechazarte a ti mismo y permite que DIOS traiga sanidad interna a tu corazón y a tu alma.

A mis manos llego una lista que lidia con quien tu eres en Cristo. Esta lista consiste de Escrituras que te ayudarán a renovar la forma en que piensas de ti mismo. He añadido una copia de esa lista en la parte de atrás de este libro. Si colocas esta lista en la puerta de tu refrigerador, espejo, lugar de trabajo o en algún lugar en donde diligentemente puedas repetirla todos los días, seguramente comenzarás a renovar tu mente y comenzarás a creer lo que esta lista dice acerca de ti. Esta dicho que aquellas cosas que tú hagas diariamente por 20 días o más, se convierten en un hábito. Entonces, ¿por qué no repetir esta lista diariamente para que se convierta en un hábito? Mientras más confieses lo positivo para tu vida, más comenzarás a caminar en ello. Si no sabes lo que algunos de los dichos en esta lista significan, puedes referirte siempre a las Escrituras para que investigues.

Comencé a confesar abiertamente las cosas en esta lista. Me tomó tiempo, pero ahora sé que afectaron la forma en que me veía a mi misma. Comencé a verme a través de los ojos de DIOS. Tenía que entender que ya no necesitaba defenderme a mi misma. DIOS era mi Defensor y Protector; ÉL se haría cargo de aquellos que vinieran en mi contra. No tuve que probar que estaba correcta. Tuve que aprender a admitir cuando estaba incorrecta de una manera humilde, sin peleas. Tenía que aprender la diferencia entre cuando era realmente yo, o Satanás tratando de traer algo contra mí.

He utilizado esta lista con mis niños todas las mañanas y ahora la saben de memoria y hasta la utilizamos en el carro, cuando viajamos distancias largas. Les ha ayudado a crear su auto-estima, de manera que no importa quien diga que sobre ellos, ellos saben que no es el dicho final. La clave es enseñarles como DIOS los ve. ¿Quién mejor que DIOS para aprobarlos?

Alguien dijo una vez que puedes ser dueño de una pieza de una joya en oro, puedes mostrársela a diferentes personas para que te den su opinión sobre el precio, pero nadie sabrá su verdadero valor hasta que la lleves a un joyero. Somos igual que esa pieza de oro, dependiendo de la opinión de otros para darnos nuestro valor, cuando nuestro verdadero valor sólo puede ser determinado por nuestro Creador.

Deja de depender de otros y comienza a verte a ti mismo a través de los ojos de DIOS.

"Satanás había puesto tanta basura y dudas en mi mente y no estaba segura de como romper la atadura. Mi relación con el Señor ha crecido rápidamente. Estoy muy agradecida por su clase de "*Asuntos con Raíz*"; me ha hecho aprender mucho. Usted es una muy poderosa mujer de DIOS quien ha tocado muchas vidas. Continúe haciendo el trabajo de DIOS."

Tara, de Riverview, Florida

Capítulo 8

La Brujería y el Ocultismo

Tendemos a pensar en brujas y hechiceros montados en escobas cuando oímos la palabra brujería. El diablo es tan astuto y sutil en sus planes, que no siempre se presenta a si mismo como un monstruo con un tridente.

Demos un vistazo a tus antecesores. ¿Estaban tus abuelos envueltos en la brujería? ¿Había santería o lo que algunas personas llaman "raíces"? ¿Hacían sesiones de espiritismo, leían las cartas del tarot o tenían algo que ver con predecir el futuro? ¿Tu papá o tu mamá tenían altares en la casa con velas encendidas a santos y estatuas? ¿Alguna vez echaron alguna maldición o te dieron baños con hojas y rompieron cocos mientras hacían bailes alrededor tuyo al ritmo de música de percusión? ¿Algunos de tus familiares vestían ropas blancas por periodos largos de tiempo y tenían collares de cuentas alrededor del cuello? ¿Estuvo algún miembro de tu familia envuelto con los Masones? ¿Has practicado la Nueva Era o haces proyecciones fuera de tu cuerpo (desdoblamiento)? ¿Alguna vez has jugado con una tabla de Ouija o Calabozos y Dragones ("*Dungeons and Dragons*") o has escuchado música diabólica? ¿Has leído materiales relacionados a la hechicería o magia? Todos estos son indicadores de ocultismo en tu vida. Si has tenido fascinación por lo oculto según has ido creciendo, la probabilidad es que tengas algún pasado de ocultismo en ti. Como dije anteriormente, puedo hablar de esto, porque yo lo viví.

Esto podría caer bajo la categoría de maldiciones generacionales. Podría ser que alguien de tu familia te dedicara a ti, cuando eras bebé, para que fueses su sucesor en ese reino de sacerdocio oculto. Tienes que romper esto en tu vida. Ora para que DIOS te enseñe a estas personas y áreas.

Todos mis abuelos estaban fuertemente envueltos en el ocultismo. Mi abuelo, por parte de mi mamá, la forzaba a ella a participar en sesiones espiritistas y otras actividades del ocultismo cuando era una niña. Mi mamá siempre fue una mujer muy enfermiza. Ella siempre me contaba historias acerca de como ella casi moría varias veces cuando niña y cuando joven, debido a varias enfermedades. Cuando no era una cosa, era la otra.

Recuerdo a mi madre estar fascinada con los asuntos del ocultismo. No creo que lo hiciera a propósito para ir en contra de DIOS, pero si por ignorancia. Así fue como ella se crió. Siempre hacía diferentes tipos de rituales para obtener las cosas que ella quería en su vida como por ejemplo, colocar ciertas plantas en su casa porque representaban riqueza, o me llevaba con ella al río para colocar canastos llenos de cocos y otras plantas y artículos que habían sido preparados por un Santero (brujo de magia blanca), para lograr diferentes propósitos en su vida.

Sea un brujo blanco o negro, o sea magia blanca o negra, la realidad es que ambas vienen de la misma fuente. Satanás puede poner enfermedades en las personas y hacerlas pensar que fueron sanadas por alguien o algo, sólo por el simple echo de lograr lo que él quiere lograr. Es una ventaja para él que la gente ponga su fe en alguien o en algo que es totalmente contrario a DIOS. A largo plazo, esto sólo logrará que el individuo esté en un estado peor.

Recuerdo cuando mi mamá le permitió a un Santero que se convirtiera en el padrino de mi hermana. Un padrino para mi, es alguien que pueda representar a tu niño en una manera espiritual. Tienes que tener cuidado con quien haces el pacto y quien se convierte en tu compañero(a), aun en los negocios o en el ministerio. Ten cuidado en las sociedades en las que te envuelves, porque todo aquello que es en secreto, no es de DIOS. Recuerda: DIOS es la luz y no hay secretos en ÉL, sobre de ÉL o en nosotros.

Este Santero en particular llamó a mi mamá un día cuando yo tenía como 12 años, para decirle que tenía que llevarme a su Botánica para hacer una limpieza especial en mí, para que yo pudiera liberarme de los espíritus diabólicos que tenía. ¡Mentiras! Mi mamá fue tan ingenua y crédula, que me llevó donde él. Entonces él comenzó a hacer un baile a mí alrededor y a orar sobre mí en lenguas desconocidas. (¿No se parece esto al diablo tratando de imitar lo que hace el Espíritu Santo y tratando de dañarlo?)

Todo lo que recuerdo es que sentí miedo y confusión, lo que trajo sobre mi fueron más demonios. Entonces comencé a ponerme peor y peor, en términos de la rebeldía y de las enfermedades. Siempre estaba en los hospitales con diferentes enfermedades. Recuerdo que me salían erupciones en la piel que no tenían cura. Me daban fiebres de la nada. Incluso tenía enfermedades que los médicos jamás habían visto. Una de las veces que más recuerdo fue cuando estuve en el hospital por varias semanas porque tenía fiebre y muy pocos glóbulos blancos para combatir las infecciones. Trataron todo lo posible. Puedo decir ahora que fue la gracia de DIOS la que me mantuvo viva. Mi mamá oraba a su manera a DIOS, pero incluyendo todas las otras tonterías. Algunas personas piensan y creen que la santería es una religión. Algunas veces hasta incluyen a Jesús en ella. No obstante, cada vez que incluyes las verdades con los errores, estás en un total error. ¿Qué tienen la luz y la oscuridad en común? ¿Qué tienen DIOS y Satanás en común (2 de Corintios 6:14)? Siempre busca en la Palabra de DIOS para encontrar las verdades y los fundamentos en los cuales creer. Asegúrate de que está sustentado y respaldado por la revelación del Espíritu Santo.

Yo también me fasciné con el ocultismo. Comencé a creer fuertemente en la astrología y en el horóscopo a la edad de 10 años. Estaba tan metida en esto que si tú eras de un signo astral que no era compatible con el mío, no podíamos tener ningún tipo de relación o ni siquiera ser amigos, porque chocaríamos.

También trabajaba con las cartas del tarot y la lectura de la mano a tal grado que quería abrir una tienda y comenzar un negocio. Tenía personas que ya me pagaban por hacer esto.

Este tipo de actividades traen espíritus de adivinación, de decepción, espíritus familiares, espíritus de tormentos y otros. DIOS detesta la adivinación porque conduce a la gente a buscar dentro de lo satánico para usarlo como guía, en lugar de buscar de DIOS y de Su palabra. La adivinación consiste en adivinar o dar información basado en lo que ya sabes o en lo que te han dicho los demonios.

También los espíritus familiares se hacen pasar por el 'Espíritu Santo', haciéndonos parecer que viene de DIOS.

Entendiendo que los demonios han estado rondando mucho antes que nosotros, podemos ver por que algunos de ellos son tan comunes para nuestras familias y nuestro pasado. Por ende, pueden darle información de ti o de alguien que ya murió al adivino. Ellos saben esto basado en la información que han escuchado, han visto o que han seguido, como demonios asignados a tu árbol familiar.

Puedes pensar que las "galletas de la fortuna" chinas no son nada, pero la gente ciertamente vive de los horóscopos y de este tipo de información diariamente. Tu cerebro es tan sensitivo a lo que ve y oye, que lo registra en tu memoria y podrías estar abriendo puertas a espíritus que, más adelante, seguramente te arrepentirás de tenerlos. Básicamente, esto puede controlar tu vida y esto es brujería. Brujería es cualquier cosa o cualquier persona que controle tu mente, voluntad, emociones o cuerpo.

Hay cosas como la necromancia, que supuestamente se utiliza para llamar a los muertos. La Biblia prohíbe la necromancia (Levíticos 19:31; 20:6) y declara que buscar la verdad entre los muertos es aborrecido por DIOS (Deuteronomios 18:9-12) y se castiga con muerte (Levíticos 20:19 y I de Samuel 28:9). También, ten claro que si alguien muere, no existe tal cosa como que el espíritu te viene a visitar (2 de Samuel 14:14). Si supuestamente una persona muerta te visita, es un demonio haciéndose pasar por un ser querido, simplemente para guiarte incorrectamente y mantener tu alma atada a esa persona que ya murió.

He escuchado a tantos cristianos utilizar la palabra "magia" tan libremente, pero la palabra "magia" significa hechicería, brujería, encantamiento, conjuro y poderes sobrenaturales. Busca estas palabras en el "Internet" o en el diccionario; no se necesita mucho para entender que algunas conexiones con estas palabras son diabólicas. Tenemos que observar lo que adoptamos en nuestra cultura, religiones, vocabulario y en nuestro estilo de vida diaria. El diablo es un tramposo. Para ti puede ser tonto, pero para él es una puerta para matar, robar o destruirte a ti o a algún ser querido. (Parafraseado de Juan 10:10).

Está pendiente de los artefactos que vienen de otros países que puedan tener asignaciones del enemigo atadas a ellos, como ídolos o cualquier cosa que simbolice algo en contra de DIOS.

Conozco a cristianos que creen en tener pequeños budas en sus casas para la buena suerte; herraduras de caballo o patas de conejo, sólo por mencionar algunos. Padres, estén pendientes de lo que sus hijos ven en televisión, los juegos con los que juegan y la música que escuchan.

Aun alguna música marcada como cristiana puede ser una burla al cuerpo de Cristo. Tirillas cómicas o muñequitos que usen vestimenta y sombreros de mago (hechicero, hombre brujo que utiliza un sombrero puntiagudo con una media luna y estrellas); pueden ser una indicación de magia. Muñequitos que pongan hechizos o maldiciones sobre cosas o personas, deben ser una advertencia de alerta. Ten cuidado con juegos que envuelvan mucha violencia o poderes que vengan de hechizos o conjuros en lenguajes extraños. *"Abracadabra"* y *"Hocus Pocus"*, son ambas conjuros mágicos. No obstante, dejamos que nuestros niños digan estas cosas pensando que son cosas graciosas de las tirillas cómicas (muñequitos) o de espectáculos baratos de magia, sin entender que pueden ser convocatorias. Esté alerta sobre símbolos que puedas encontrar en los bultos, libros o en el cuarto de los jóvenes, como pentagramas, cruces extrañas, símbolos de muerte, hojas de marihuana o pornografía. Esté alerta, investiga y no seas ignorante a los mecanismos del diablo.

Mi madre y toda su familia por parte de su padre, eran personas muy enfermas. Todos tenían diabetes, presión arterial alta, obesidad y otras enfermedades. Las enfermedades no siempre son causadas por este tipo de maldiciones generacionales o brujerías. No obstante, cuando oré por mi familia sobre esto, DIOS me dio una revelación de que en esta familia en particular, había una maldición que había sido traída sobre ellos debido al ocultismo e idolatría, que venía de sus antepasados. Alguien tenía que aceptar a Jesucristo para que ÉL pudiera romper esas maldiciones y replantar semillas que trajeran una nueva generación llena de bendiciones. Imagínate, no es sólo aceptar a Jesús, es cerrarle las puertas al enemigo, obedeciendo y rindiéndonos totalmente a la voluntad de DIOS. Realmente tienes que tomarte el tiempo para renunciar al pecado de la idolatría y de la brujería no sólo en tu vida, sino poniéndote en el lugar de tus antecesores y familiares y pidiéndole a DIOS que los perdone.

Mi madre ha aceptado a Jesús como el Señor y Salvador de su vida y ha renunciado a la brujería para siempre. La odia tanto que se pone tensa cada vez que ve algo que se asocie con eso. Yo también tuve que pasar por mucha liberación de espíritus que salían de mi cuerpo con manifestaciones ajenas a mi conocimiento. Gracias a la gracia, la misericordia, el amor y el poder del Espíritu Santo, ahora puedo decir que soy definitivamente libre. Entonces, "si el Hijo te liberó, serás verdaderamente libre" (Juan 8:31-36, NVIA).

Hay formas más sutiles de brujería, como Jezabel, un espíritu de control y manipulación. Cualquier cosa que controle tu cuerpo o tu mente, que no sea el Espíritu Santo, puede ser diabólico.

Jezabel, del libro de 1 de Reyes, capítulos 18 al 21, era la esposa del Rey Achâb. En vez de ser Achâb el que gobernaba, era más su esposa la que tomaba todas las decisiones finales. Achâb se mostró a si mismo como un hombre y un rey débil. Por ende, muchas personas llaman a los hombres que son débiles "Achâb". Los hombres necesitan aprender como tomar sus posiciones en el hogar y dejar de ser esposos y padres pasivos. Esto también puede abrir una puerta. El protocolo correcto dice que el esposo debe ser la cabeza del hogar. Jezabel siempre manipulaba las cosas, para que siempre salieran a su manera.

Cuando tu eres quien controlas o manipulas una situación, no le estas permitiendo a DIOS que tome el control. Un ejemplo podría ser el de una madre que tiene a su hijo en la prisión y esta buscando desesperadamente el dinero de la fianza para poderlo sacar de la cárcel. ¿Qué si es que DIOS ha permitido que él vaya a la cárcel para frenarlo un poco, de manera que pueda entrar en términos con él mismo y con DIOS? Estar en prisión no siempre es algo malo; esto podría ser el cruce del camino para la vida de alguien. Yo creo que si vamos en la dirección incorrecta, en algún punto de nuestras vidas tenemos que tocar el fondo. Esto nos detendrá lo suficiente como para poder tener un encuentro con nosotros mismos y con DIOS (el autor de nuestras vidas). Si esa madre trata de manipular la situación para poder sacar a su hijo prematuramente de la cárcel, entonces las consecuencias podrían ser que ella pueda provocar un aborto a lo que DIOS está tratando de hacer en la vida de su hijo.

Otra forma de control o manipulación de una esposa en contra de su esposo, es cuando ella quiere que se hagan las cosas a su manera, puede rehusarse a hacer el amor con él esa noche, para controlarlo con una forma de coraje. Ella puede no cocinarle o puede que ella sea extra complaciente para lograr que él haga lo que ella quiere. He encontrado que una falsa sumisión es engañosa y también los halagos falsos. Puedes incluso tener una falsa sumisión hacia tu jefe, pastor o cualquier figura de autoridad. Esto puede causar, sin que te des cuenta, que seas miserable o estarás descontenta o descontento, porque muy dentro de ti sólo te has sometido para quedar bien, pero eso no es lo que está en tu corazón. Eventualmente explotarás de la forma incorrecta y serás rebelde. Debes siempre buscar los motivos de nuestros corazones; esto es lo que realmente cuenta para DIOS.

Por cierto, un hombre también puede tener un espíritu de Jezabel. Un ejemplo podría ser un esposo que controle a su esposa y a sus niños, pero la raíz real en este caso podrían ser miedos, celos, inseguridades o rechazos. Otro ejemplo podría ser un pastor sobre sus líderes y su iglesia. Puede que él no permita que sus líderes se vayan o crezcan, porque los quiere sólo para él. Esto también es una forma de hechicería. Ten cuidado de no mal interpretar tú figura de autoridad para estar operando en hechicería, cuando en realidad la figura de autoridad sólo es fuerte de carácter y no permite que te salgas con la tuya. Puede que DIOS le haya mostrado algo más adelante que tú no puedas ver. Entiende también que tú puedes ser una persona controladora y rebelde y por eso estas juzgando a tu líder porque no puedes hacer lo que tu quieres.

Si te mantienes enfocado y continuamente buscas en tu corazón y oras por tu líder, DIOS te enseñará el corazón. No lo juzgues por ti mismo. Ámalo lo suficiente como para hablar sobre la situación con él antes de tomar una decisión drástica.

Existen aquellos líderes que son ciertamente diabólicos. Sea un esposo, pastor, jefe o padres. Estos individuos tratarán de controlarte de una forma que no es lo que DIOS desea. Puedes incluso terminar sirviendo a un ministerio ocultista o sometiéndote a un espíritu incorrecto. El líder tratará de hacerlo parecer como que todo es legítimo, pero lo próximo que sabrás, es que estás teniendo sexo con el líder, siendo abusada por tu esposo o aislándote de tus seres queridos. Por eso es tan importante que tengamos *una relación personal con Jesús*, de manera que podamos oír su voz y saber exactamente hacia donde nos está llevando. Los pastores están para guiar, disciplinar, cultivar y educar, no para controlar y abusar de nosotros. Nunca pongas a los pastores en un pedestal, porque también pueden caer ya que ellos son como *puentes humanos*, utilizados por DIOS. Si te sientes incómodo con el echo de que alguien esté controlándote, ten una conversación con esa persona primero y averigua lo que tiene que decirte. Puede que lo esté haciendo inconscientemente; no obstante, puede que tengas que exponerlo al hecho. Nunca dejes la iglesia o tu casa sin antes tratar todas las formas de protocolo o buscar consejería espiritual.

Otra forma de control es un niño con el padre. El niño puede saber que uno de los padres se puede manipular más fácil que el otro, porque fue abusado o ignorado en alguna manera por ese padre y el niño siente que ese padre le debe algo. Puede que también sienta lástima hacia si mismo con esto.

Ahora el niño o la niña comienza a controlar al padre, bien sea con enojos, rebeldía, llorando, gimiendo o quejándose, para poder lograr lo que él o ella quieren. Si el niño o la niña saben que esto funciona a su favor, lo utilizarán toda la vida. Mucho cuidado padres: este niño o niña eventualmente sabrá la verdad y entenderá que *ustedes* estaban equivocados a darle todo lo que él o ella querían.

Ser recto y decir "NO", no es un pecado. Aun cuando se enojen, eventualmente te darán las gracias por haber hecho lo correcto. Recuerda que un día ellos sabrán lo que es ser padres. Deja que DIOS te dirija en esta área.

Obsérvate y coteja para ver si eres controlador o manipulador en más de una forma; mira a ver si todo lo tienes que tener a tu manera. Recuerda, esto es una forma de brujería. Por cierto, volviendo nuevamente a Jezabel (2 de Reyes 9:30-37, VIA), su vida terminó en una muerte trágica. Ese tipo de muerte es deshonrosa. Fue una señal para nosotros y para aquellos que le conocieron, de que Jezabel estaba maldita. Más adelante encontramos que su hija, Athaliah, creció y se convirtió en algo peor que su madre y ella también murió de forma trágica (2 de Crónicas 22 y 23). Cuidado que no estés operando bajo el espíritu de Jezabel.

Pídele a DIOS que te libere de la brujería, el ocultismo y la rebelión. Pídele a ÉL que te haga más consiente de esto y que te adiestre para la renovación de un ser transformado. Renuncia, arrepiéntete y renueva tu mente. Rompe y elimina esto de tu vida y de la de tu familia. ¡Es crítico...!

Al estudiar más sobre los diferentes tipos de ocultismo, símbolos y demonios, por favor, hazlo desde una perspectiva cristiana, de otra forma, puedes caer en una trampa.

"Agradezco a DIOS habernos permitido cruzarnos en el camino. En ti me veo a mi misma. Encontré consuelo y entendimiento en tus enseñanzas. Mantén tu cabeza en alto y continúa haciendo lo que haces mejor; tocar la vida de las personas."

Jessica, de Miami, Florida

Capítulo 9

La Inmoralidad Sexual

No sólo era mi padre un adúltero, también lo era su padre. Mi mamá decidió escaparse con un hombre que apenas conocía, porque ella estuvo casada durante 9 años con un hombre que nunca la respetó. Mi papá hacía que yo vigilara a mi madre por las escaleras de incendio, mientras el entraba mujeres a la casa. Finalmente terminó embarazando a otra mujer y ahí fue donde mi madre trazó la línea.

Hoy día amo a mi padre y escogí perdonarlo. DIOS me mostró, en una visión, a mi padre cuando era un niño. Vi como su padre trajo todo tipo de mujeres a su vida, y comprendí que ese era el estilo de vida que el conocía. Algunas veces tenemos que regresar en tiempo para ver la niñez de nuestros familiares, para poder entender porque hacen lo que hacen. Cuando podemos entender algo del infierno por el que pasaron, esto nos ayudará a poderlos perdonar más fácilmente.

El nuevo amante de mi madre comenzó a molestarme a la edad de 9 años. Pienso que era una asignación en contra mía. Me convertí en una persona muy promiscua y adicta a la pornografía. Perdí mi virginidad a la edad de 15 con una persona de 25; alguien a quien ni siquiera amaba. Comencé a buscar el amor en los lugares incorrectos. Pensaba que entregándome en el sexo encontraría aceptación. Finalmente, a la edad de 21 años, me convertí en madre soltera. Ahí fue cuando acepte a Jesús como mi Salvador. Hay que entender que los niños son una bendición del Señor. Yo creo que esta fue la manera que utilizó DIOS para llamar mi atención. Imagínense, nunca me preocupé por el control de natalidad y nunca había salido embarazada antes de ese momento. A veces DIOS llega a tu vida en el momento preciso. Mi hijo tiene 22 años ahora y cuando seleccioné su nombre, no sabía lo que significaba. No fue hasta que maduré en el Señor que busqué el nombre de Jeremy y entonces aprendí que su nombre significa "escojido por la gracia de DIOS". De seguro fue un favor de DIOS, no merecido.

Comencé a ir a la iglesia pero aun tenía demonios de lujuria, prostitución y perversión. Aun continuaba batallando los pensamientos y continuaba fornicando; era como una adicción. Mientras comencé a entender que eran demonios, DIOS comenzó a liberarme y a llevarme por el camino de la salvación. Aunque sabía que era muy peligroso volver a abrir esas puertas, aun sirviendo al Señor, volví a dejarme llevar y a tener sexo. Una noche, el Señor me llevó directamente a la Biblia y me dio esta Escritura: Jeremías 3:2-5. En este pasaje, el Señor le habla a su pueblo sobre sus debilidades y la prostitución. En mis propias palabras, básicamente lo que decía era que las bendiciones serían detenidas debido a la forma en la que estaba actuando y que cómo me atrevía a llamarlo Padre, ¿después de todo lo que yo había hecho? En ese momento me sentí quebrantada, comencé a llorar incontrolablemente, y me di cuenta que ÉL me había llamado prostituta. Le pregunté porque ÉL me llamaba de esa manera. Comprendí que en mi corazón estaba actuando como una de ellas y lo que faltaba era que me pagaran, con dinero. Me sentí avergonzada y no podía creer que ÉL me reprendiera de esa manera. A pesar de que fue un fuerte regaño, sirvió para atraer mi atención porque fue en un momento donde necesitaba de DIOS grandemente. Básicamente ÉL estaba haciéndome escoger entre ÉL y mi estilo de vida. ÉL también quería que me enfocara en un asunto con el que no había trabajado aun. DIOS sí ve nuestro interior y ÉL puede detener nuestras bendiciones si continuamos pecando.

DIOS puede libertarte. Puede que tome algún tiempo. Puedes estar en un proceso lento; quizás DIOS quiere que entiendas que tienes que desarrollar compasión por otros debido al tipo de ministerio que te va a dar. También puede ser que sigas interesado en cosas que no deberías. Puede que también sea que ÉL no quiere eliminarlo de tu vida todavía, para que no te olvides de cuan malo fue cuando todo haya terminado. Si DIOS hace las cosas tan rápido en tu vida, algunas veces nos podemos olvidar rápidamente también. ÉL quiere que recordemos las luchas y dolores de manera que no queramos volver atrás. En el transcurso, ÉL nos dará paz y alegría cuando todo haya terminado, pero nunca querrás volver atrás porque sabes el precio que tuviste que pagar.

No esperes poder servirle a DIOS enteramente y de corazón, a menos que dejes ir algunas cosas en tu vida. Primero, tienes que dejar ir a la persona con la que has estado fornicando. Aun cuando ames al individuo y hayas estado viviendo con esa persona por algún tiempo, si no estas legalmente casado, es un pecado. DIOS no puede bendecir esa relación. La fornicación trae conflictos y decepciones. Si realmente aprecias una relación, entonces tienes que mantener esta puerta cerrada por el amor a las bendiciones de DIOS en ella, así como para mantener fuera los conflictos y la perversión.

Si estas batallando con pornografía o adulterio, una de las cosas que el diablo utiliza es el aislamiento. El te acusa, te condena, te culpa y luego te avergüenza para que no te atrevas decírselo a nadie. Debes decírselo a tu esposo(a); no obstante, si no puedes, debes buscar un pastor, un consejero cristiano, algún líder del *mismo sexo*, o a un buen amigo, que te pueda ayudar a buscar ayuda y que te haga responsable. Una nota al esposo(a); este no es el momento de condenar o regañar. Esa persona está en una batalla que es más fuerte que él o ella. No dije perdonar; yo dije condenar; hay una gran diferencia.

Ten en mente que el adulterio es una batalla en contra de tu voluntad, de tu carne y lo diabólico entonces, "no saldrás victorioso o victoriosa por la fuerza militar o por tu propia fuerza, pero por Mi (DIOS) Espíritu, obstáculos tan grandes como monumentos, desaparecerán ante ti" (Zacarías 4:6-7).

Si tu iglesia no está ahí para apoyarte, entonces encuentra una iglesia que si lo esté. Sino, corre a un programa de televisión u otro ministerio que te pueda ayudar. Puede que todo se vea bien ahora, pero es sólo cuestión de tiempo antes de que te veas envuelto en una red que te atrapará a ti y a todos tu seres queridos por mucho tiempo. Puede que nunca puedas salir de ella. Esto no sólo traerá una maldición sobre ti, pero sobre tus niños. Piensa como se sentirán tus niños cuando sepan que has traicionado su confianza y cómo los has cambiado por alguien que hasta puede que no valga la pena. Puede que nunca tengas la oportunidad de disfrutar de tu amante o tener una verdadera paz. DIOS no puede, ni bendecirá esto. DIOS odia el divorcio (Malaquías 2:16), más aun el adulterio.

No obstante, si el esposo(a) que no cometió adulterio dedica a sus niños al Señor y vive para Cristo de todo corazón, creo que DIOS le honrará y romperá la maldición a la que ese adúltero abrió las puertas. No es un pensamiento fácil, ¡habrá guerra! Sólo recuerda: la batalla es de DIOS (1 de Samuel 17:47), así también la venganza.

Si ya has cometido adulterio, entonces ven al Señor con verdadero arrepentimiento. Pídele que te perdone y que te ayude a salir de esto. ÉL puede restaurarte. No permitas que el diablo te mantenga en las ataduras de la condenación y culpabilidad. Sin embargo, habrá ciertas disculpas que tendrás que ofrecer y tendrías que dejarlas ir completamente, sin compromisos ni justificaciones de ningún tipo. Puede que haya algunas consecuencias, no obstante, DIOS puede perdonar y restaurar mientras seas sincero y te olvides completamente del asunto.

Puedes pensar que es más fácil decirlo que hacerlo. Yo también batalle por algún tiempo con el hecho de dejar a mi esposo y a mis niños por otra persona. Gracias a DIOS no fue más allá, pero sí dejé de leer la Biblia porque sabia que me iba a traer convicción. Comencé a vestirme diferente y realmente no me importaba. Me convertí en una persona fría. Comencé a culpar a mi esposo por todo. Utilicé sus fallas para justificar las mías. La otra persona se convirtió como en una droga para mí. Lo llamaba del trabajo. Todas las noches, cuando me acostaba en la cama, pensaba como dejar a mi familia. Mi esposo, que es una persona muy espiritual, en lugar de reprocharme, comenzó a ayunar por mí. Me leía la Biblia todas las noches, mientras dormía. El peleo por mí, en mi lugar. Para hacer la historia larga, corta, después de meses de esta tortura, fui con una pareja que eran pastores y muy queridos amigos. Imagínense, ni siquiera me atrevía ir a donde mi pastor, porque tenía miedo de que me juzgara. Esta pareja me llevó a la liberación. Tan pronto como empezaron a orar por mí, me dijeron que habían visto demonios. Entonces comencé a escupir y supe que había demonios viviendo en mi cuerpo. Entonces quise leer la Biblia y cuando intenté leerla, comencé a vomitar. Esa cosa quería luchar conmigo con todo lo que tenía. Gracias a DIOS por su Divina Gracia, que fue suficiente para mi. Cuando soy débil entonces la fortaleza de Dios me sostiene (Parafraseado de 2 de Corintios 12:9). Gracias a DIOS por mi esposo, que tuvo la iniciativa de luchar por mi. Les estaré eternamente agradecida a ambos; a la pareja de pastores amigos, y mi esposo. Soy una prueba viviente de como esto puede tomar control de tu vida y derrotarte.

Con la inmoralidad sexual, tienes que hacer como José en el Viejo Testamento de la Biblia: corrió de la esposa de Potifar (Génesis, capítulo 39). Puede que tengas que literalmente correr. ¡Corre a la Biblia! ¡Corre al teléfono y llama para buscar ayuda! ¡Corre hacia DIOS en oración! ¡Resiste! Si lo alimentas, te costará un precio muy pesado. Existieron momentos en mi pasado en que le gritaba a DIOS que me perdonara, por las muchas veces en las que no pude resistir y fallaba. Entonces la culpa y la condena me sobrevenían y me dañaban por completo, haciéndome sentir que DIOS no me amaba o no me quería. Me hacía sentir como un fracaso o como que nunca se iría. Soy un testimonio viviente de que DIOS es fiel. ÉL te sacará de la situación cuando menos te lo imagines. ÉL es un DIOS de "lo inesperado". En una confusión *inesperada*, ÉL sacará a tus enemigos.

Hay gente que dice que la lujuria es normal. Antes de que mi esposo me conociera, le preguntó a un pastor si era correcto ser lujurioso ante una mujer, aun cuando fuese su esposa. Este pastor en particular, le dijo que era normal. No obstante. Mi esposo no se sintió a gusto con su contestación, así que le preguntó a DIOS en oraciones y comenzó a buscar en la Biblia. Un día, mientras estudiaba la Biblia sólo, el Señor le dio a mi esposo la Escritura 1 de Tesalonicenses 4:1-8. Tomo algo de tiempo leerla. La Escritura nos alertaba sobre la inmoralidad sexual y sobre los deseos lujuriosos, aun hacia tu esposa. Entendimos a través de esta Escritura que la lujuria era inmoral y que no era del agrado de DIOS. De hecho, la palabra lujuria en el diccionario significa "intenso deseo sexual". Así que, la próxima vez que alguien te diga que ser lujurioso es normal, puedes sacar este pasaje y dejar que lo lean para ellos mismos. Si aun así quieren traer algún argumento, sólo permíteles ver el verso, en la misma Escritura que dice; "Cualquiera que rechace esta enseñanza, no está rechazando al hombre, sino a DIOS, quien te ha dado su Espíritu Santo".

Algunas personas preguntan sobre demonios llamados Incubos (hombre) e Incubas (mujer). Estos son demonios que vienen para tener sexo contigo. Todo lo que puedo decirles es que, basado en las experiencias que he tenido con personas a las cuales he ministrado y a testimonios de otras personas, sabemos que los demonios pueden tener sexo con los humanos. Las personas que batallan contra estos demonios, son aquellos que tienen raíces de masturbación, perversión sexual, lazos con almas no divinas, ocultismo, proyecciones astrales o maldiciones generacionales. He escuchado mujeres decir que DIOS es su esposo y que ÉL les satisface sexualmente. ¡Esto es una *mentira*! Esos son demonios que tienen que ser revocados y arrancados de tu vida. También, personas que han perdido a sus cónyuges, que éstos regresan nuevamente para tener sexo con ellos. ¡*Gracioso*...! Nuevamente, estos son espíritus diabólicos. No continúes con esto porque es muy peligroso. Tienes que ver a un ministro de liberación, renunciar a ellos y no permitirlos nunca más. Puedes encontrar información y testimonios en páginas del Internet, bajo los nombres de estos demonios o a través de cualquier ministro de liberación o en libros relacionados a liberación.

La homosexualidad es un pecado (vea Romanos 1:24-32). Si DIOS hubiese querido hacer a Adán y Esteban, ÉL lo hubiera hecho, pero en su lugar, creó a Adán y a Eva. Mirando el pasaje de Romanos, nota como Jesús incluye a los homosexuales en la misma categoría que incluye a los difamadores, envidiosos, asesinos, a los que odian a DIOS y a los arrogantes. Entonces, en el verso 32 dice que "todos estos son corrompidos y merecen muerte". La Biblia dice que los podemos amar, pero no aprobar el pecado. Su comportamiento no es aceptable. Sí, necesitamos trabajar con ellos, pero debemos ser honestos acerca del estado en que se encuentran.

Algunas personas dicen que nacieron de esta manera, pero la verdad es que hubo pecado en su vida o en su familia, que permitió al demonio de la homosexualidad entrar, aun desde el vientre de su madre. Se que esto es difícil de aceptar, pero a menos que DIOS coloque un espejo gigante en frente de nosotros para mostrarnos lo que hay en el interior nuestro y como se proyecta, no podrás ser libre. Algunas veces tenemos que admitir para poder conseguir ayuda. ¡Es la verdad la que te hará libre…!

El sexo fue creado por DIOS y ÉL lo hizo placentero. No obstante, utilizar artefactos perversos como látigos, esposas, vibradores, etc., en la cama matrimonial, no es normal. Ver pornografía, aun cuando estas casado, no es normal —es pecado. Este es uno de esos momentos en los cuales no tienes que someterte a tu pareja. Si tienes que utilizar estas cosas, quiere decir que algo está perdido y que no estas satisfecho(a).

La masturbación es también diabólica. DIOS me mostró ese demonio claramente. Traté de ir hacia atrás varias veces, y mi cuerpo comenzaba a temblar y pensamientos malos comenzaban a bombardearme; tuve que resistir, hasta que literalmente se fueron.

Una vez te liberas de los demonios sexuales, ellos tratan de regresar, aun en tus sueños. DIOS me enseñó a identificar batallas con espíritus sucios, especialmente cuando *constantemente* tienes sueños con sapos, cerdos, conchas, reptiles, casas sucias, agua sucia o cualquier cosa sucia. También, si constantemente estas soñado con aventuras sexuales, que no sean con tu esposo(a), la probabilidad es de que estés en una batalla. Encuentra la raíz y arráncala. Verifica si hay algún artículo en tu casa que tenga que ser removido como películas o música de perversión, ropas sexuales, revistas pornográficas, fotografías, artefactos dirigidos a la perversión, etc. Aun cuando no tengas estas cosas en lugares visibles, puede que alguien en tu hogar las tenga escondidas. Revisa a tus jóvenes, incluso por condones. Después de todo, la abstinencia es lo que DIOS enseña a su pueblo, mientras no estamos casados.

Puedes querer también revisar tus alrededores, como clubes nudistas en la comunidad, bares "go-go", etc. No puedes hacer nada en donde vives, pero ciertamente puedes orar y estar alerta, para que puedas ser la luz en la sombra de la oscuridad. Recuerda que el Espíritu Santo es limpio y puro, así que tus alrededores también tienen que serlo. Si estas viviendo en una casa sucia, este es el tipo de ambiente que les gusta a los demonios. Cuando visitas una ciudad, muchas veces necesitas saber a que te vas a enfrentar. Las ciudades tienen demonios principales y territoriales, los cuales han sido asignados con el propósito de corromper la ciudad. Alguno de estos demonios pueden ser pornografía, pobreza, crimen, violencia, falsas religiones, etc. La lista podría continuar y continuar, pero si eres una persona espiritualmente preparada y tomas el tiempo para estudiar tus alrededores, podrías saber que es lo que está pasando. Aun cuando yo me quedo en el cuarto de un hotel, oro y unjo la habitación. Yo literalmente, utilizo aceite de unción y lo coloco sobre las camas y puertas. Tú no sabes quien se hospedó antes y que había pasado. Muchas veces puede ser un ataque y no un asunto con raíz. No obstante, revísate a ti mismo y a tu hogar. Está alerta y aprende a saber a que estas expuesto.

Las adicciones sexuales son difíciles de romper. Se los digo a ustedes vírgenes: ¡no se dejen! ¡Se van a arrepentir! Puede que te guste por un tiempo, pero a largo plazo, te vas a arrepentir. ¡No vale la pena! Si alguien está interesado en acortejarte y él o ella ciertamente se preocupa por ti, entonces él o ella esperarán. No tienes que probarle nada a nadie. Por cierto, fornicar no es sólo penetración, es también el afecto, tú sabes todo el toqueteo. Una cosa te lleva a la otra. Mantente alejada; por favor, escucha a alguien que estuvo ahí. Abres demasiado de muchas puertas. Será muy difícil deshacerte de la persona que tomo tu virginidad. El o ella te seguirá a otras relaciones. Ese individuo se convertirá en un lazo terrible del alma. Los lazos terribles del alma, no sólo provienen de encuentros sexuales. ¿Qué es un lazo impío del alma? Recuerda que estamos hechos de tres partes: espíritu, alma y cuerpo. El alma consiste de tu voluntad, tu mente y tus emociones. Entonces, el alma puede ser atada por demonios o emociones que se auto-asocian a otras personas. Les voy a dar un ejemplo de una atadura impía del alma. Asume que estas siempre en el teléfono hablando con una persona y a ti te gustan las conversaciones y esta persona te llama todos los días a la misma hora. Después de varias semanas, estas atada o atado. Un día esta persona no te llama nunca más y comienzas a preguntarte que pasará. Puedes pensar que están enfermos y te preocupas, lo que comienza a golpear en tu mente y emociones. Puedes pensar que ya no le gustas a la persona o que tiene coraje contigo. Nuevamente, esto comienza a golpear en tu mente y tus emociones. Comienzas a luchar con la idea de si lo llamas o no. Ahora estas siendo controlado por estos sentimientos y pensamientos. Entonces, por supuesto, tu voluntad está envuelta, cuando necesitas tomar decisiones sobre el asunto. Esto es un ejemplo de una atadura impía del alma, que no tiene nada que ver con sexo. Por supuesto, esto nos puede pasar a cualquiera de nosotros y probablemente alguno de nosotros podremos sobrepasarlo fácilmente. No obstante, se convierte en impío cuando comienzas a mantenerte en ello y permites que tus emociones y pensamientos te controlen y predomine sobre lo que DIOS quiere para ti.

Los niños se apegan a juguetes o sábanas. Es humano sentirse de esta manera. No obstante, es peligroso cuando no puedes liberarte. Te daré otros ejemplos. Estas divorciado(a), el tiempo ha pasado y al parecer no puedes deshacerte de las fotos de tu esposo(a), su ropa, etc. El sólo pensarlo te hace llorar o te da coraje. Esto puede ser una atadura impía del alma.

Es impío porque DIOS nunca estuvo en esta relación o simplemente porque te controla de la manera incorrecta. Otro ejemplo podría ser cuando constantemente tienes sueños con tu ex-pareja, pero ahora estas casado(a). Puede que aun estés atada del alma con esta otra persona. Puedes necesitar divorciarte de él o ella, en el alma.

Te garantizo que si permites que alguien tome tu virginidad fuera del matrimonio, esto puede atarte a ese individuo por un periodo largo de tiempo. No será fácil romper con eso. Si estas teniendo sexo fuera del matrimonio, definitivamente tendrás ataduras impías del alma que pueden tomar una vida para deshacerte de ellas.

Tengo una amiga que perdió a su mamá cuando tenía 15 años y ahora ella tiene 35 y todavía tiene los vestidos de su madre en el armario. Puede que no haya nada malo con esto, hasta que te des cuenta el mucho control que tiene sobre ti y cuan difícil es para dejarlo ir.

Algunos padres no pueden dejar ir a sus niños, aun cuando ya han crecido y se han casado; o vise-versa, hay personas que todavía terminan en la casa de su madre, *cada vez* que tienen problemas con su cónyuge. Esto no puede ser. No pueden encontrar la manera de cortar el cordón umbilical. La Biblia dice que una vez te has casado, debes irte (Efesios 5:31).

Conozco una mujer que tiene un hijo mentalmente impedido. Cuando le dije que DIOS podía sanarlo, me dijo que estaría bien para él que se quedara con su condición, porque así no tendría que casarse y podría vivir con ella toda la vida. ¡Esto es egoísmo...! Definitivamente existe una atadura impía del alma.

Algunos de ustedes no pueden tomar decisiones como personas adultas, sin el consentimiento de sus padres. Esto puede ser porque los padres han sido bien dominantes o porque todavía están atados a ellos de una manera incorrecta. No hay nada incorrecto en estar alrededor de tus seres queridos y pedir consejos; no obstante cuidado, puede ser una forma de control o de ataduras incorrectas. Algunas personas pueden tener ataduras impías del alma con sus trabajos. Están tan obsesionados que están dispuestos a desobedecer a DIOS, simplemente porque no están dispuestos a dejar sus trabajos. Puede que pierdan muchos de los eventos especiales de sus hijos, debido a esta atadura.

Tomate el tiempo ahora mismo, para estudiar tu situación – tus padres, tu parejas, tus alrededores, semillas que tu mismo has plantado y regado. Toma el tiempo para romper y eliminar cosas de tu vida y de tus seres queridos.

Toma una hoja de papel, has una lista y has lo mismo que hiciste con la falta de perdón en el capítulo 4, sólo que esta vez le vas a pedir a DIOS que te muestre tus ataduras impías del alma fuera del sexo, como tu mamá o papá, amistades que son difíciles de eliminar, la muerte de una mascota o de algún ser querido –una atadura impía puede ser incluso una casa en la cual has vivido por años, o cierta ciudad de la cual no te quieres ir. Después que termines tu lista, regresa al número uno y comienza a divorciarte de ellas, una a la vez. No hagas una oración general, porque es más efectivo si lo haces uno a uno.

Si no puedes acordarte de todas tus parejas sexuales, está bien. Puedes escribir todas las que te acuerdes y deja espacios en blanco para colocar aquellos de los que no te acuerdas. DIOS conoce tu corazón y DIOS sabe quienes son. Una vez hayas terminado, rompe la página. Cierra esos capítulos de tu vida y nunca los vuelvas a abrir.

Yo se que los problemas no se resuelven con sólo romper una página, no obstante, es un espejo y el comienzo del nuevo tu. Esto no es en vano. ÉL ve tus esfuerzos. ¡No mires hacia atrás; DIOS está trabajando...!

"A través de '**Asuntos con Raíz**', me di cuenta que ya no estoy atada. Me han dado liberación a través de la Sangre de Jesús. Las clases de '**Asuntos con Raíz**', son ciertamente una cita divina".

Donna, de Crystal River, Florida

Capítulo 10

El Enojo o la Ira

¡Enojo, ira...! Conozco muchas personas que viven sus vidas enojadas. He conocido a personas muy devotas y a personas que son muy amables, pero por alguna razón u otra, tienen raíces de enojo o ira. Todos podemos tener coraje en algún momento de nuestras vidas, pero tenemos que tener cuidado de no convertirnos en iracundos. Junto con el enojo viene la rabia, la furia, la rivalidad, el odio, el asesinato, la violencia, las palabras sucias, las ofensas, la falta de perdón, los resentimientos y la amargura, sólo por mencionar algunas.

¿Por qué tienes tanto enojo? ¿Cuál ha sido la causa? El enojo es el producto de una raíz profunda, así como un drogadicto no es drogadicto por qué nació así. La posibilidad es que se convirtió en drogadicto debido a algo más profundo como la pérdida de algún ser querido, una maldición generacional, rebeldía o por la presión de grupo (aún esto puede ser causado por el miedo, inseguridades o el rechazo).

El enojo puede haber sido causado por una maldición generacional. Asumamos que uno de tus padres estuvo muy enojado con la vida, por cualquier razón; y tomo represalias en contra tuya abusando de ti o simplemente disciplinándote con ira. Esto puede haber causado que se plantaran semillas de enojo en ti, lo que te ha convertido en una persona con mucho enojo o ira, aun hacia tus mismos padres.

Algunas veces el enojo viene de las ofensas. Te has enojado con alguien porque ha herido tus sentimientos y ahora, esa semilla que permitiste en tu corazón ha crecido. Esto puede haber producido frutos de falta de perdón. Antes de que te des cuenta, tendrás tanto enojo que querrás tomar represalia. Comienzas a planificar y buscar la forma de cobrártelas, lo que es una forma de venganza. Puedes tomar venganza aun en silencio. ¿Cuantas veces le has dado a una persona un *"tratamiento de silencio"* por horas o días, porqué te ha ofendido? Esto me recuerda la

Escritura de Efesios 4:26-27 que dice: "no estés con enojo todo el día, porque le estarás dando a diablo un punto de apoyo". Si no trabajas con esto rápidamente, puede convertirse en odio o amargura.

En la misma escritura también dice "ten enojo, más no peques". Esto me permite pensar que nos podemos enojar, mientras no permitamos que nos controle o que de frutos de una forma negativa. Como seres humanos, tenemos el derecho a enojarnos. Algunos ejemplos pueden ser el ver a un niño que es abusado o que se cometa alguna forma de injusticia. Me gusta llamarle a esto "enojo honrado" o también conocido como "indignación". 'Honrado' significa virtuoso o moral. Recuerda que estamos discutiendo "Asuntos con Raíz"; por ende, el enojo al que me refiero es un enojo que no le agradaría a DIOS; uno que nos controla de tal manera que nos convertimos en personas no-placenteras. Yo se esto, porque crecí en una casa de "caos", donde había mucha rivalidad.

Recuerdo haber tenido muchos momentos hermosos con mi hermano, donde reíamos y cantábamos como si estuviéramos frente a una gran audiencia. Pero no pasaba un sólo día donde no discutiéramos como perros y gatos, incluyendo mucha violencia. Pero a pesar de esto, después de unas horas, volvíamos a estar juntos y a querernos como si nada hubiera pasado. Esta era la norma en mi casa. Yo llevé esto a otras relaciones. Todo provenía de enojos y conflictos que estaban en mis raíces.

Podría decir que los conflictos eran una maldición generacional. Eso era lo que dominaba entre mi padre y mi madre. Había momentos donde mi padre tenía tanto enojo o ira (endemoniadamente), que le tiraba sillas a mi madre, aun esta estando encinta de mi hermano y hasta le llegaba a pegar brutalmente.

Cuando tienes coraje, no importa la razón, esto puede ser la causa de un conflicto que forme parte de tu vida. Constantemente estas peleando y discutiendo con otras personas, tengan o no la razón, eso no te importa. Tú sólo sabes que tienes que argumentar. Se ha convertido en parte de ti. Incluso, puedes llevar esto a tu matrimonio, si no tienes cuidado. Antes de que te des cuenta, estarás buscando la manera de comenzar una discusión.

Se que el coraje nos puede llevar al odio y al asesinato. No sólo el asesinato físico, pero también verbal. Realmente puedes "asesinar" a alguien, sólo con lo que dices. No importa cual sea la razón para el enojo, recuerda que tu y sólo tu eres el que te sientes miserable. Puede que te las desquites con las personas equivocadas, incluyendo a tus seres queridos.

Nunca debemos juzgar a nadie, a menos que no conozcamos cuales son las verdaderas raíces de la vida de esa persona y el porque es tan importante trabajar con ese enojo interno. Unos años atrás, estaba de compras y mientras me acomodaba en la fila para pagar, una cajera abrió otra línea. Fui directo a la cajera que acababa de abrir. La señora que estaba delante de mí se molesto porque yo deje mi línea y fui directo a la otra. Entonces comenzó a acusarme de que me le estaba pasando al frente (colándome). Ya era cristiana y me había refinado algo, así que simplemente le contesté que yo no me había colado. La señora estaba tan rabiosa que me pegó en la mano y todo lo que tenía en ella se cayó al piso. Mi antigua naturaleza quería apoderarse de mi, así que en segundos tuve que tomar la decisión sobre si quería o no volver a mi antigua conducta o demostrarle que continuaría viviendo mis nuevos principios. También estaba batallando con el orgullo y hasta con lo que las otras personas pensarían de mí. Tiene que haber sido DIOS, porque de repente una señora salió de la nada y me murmuró al oído "ora y revoca". Me dio algo de luz en ese momento donde mi lucha no era en contra de la carne y la sangre (Efesios, capítulo 6); básicamente me recordó que no era el humano, sino el demonio. Entonces pensé *"no me va a importar quien esté mirando, sólo voy a revocar esto"*. Empecé a hablar de la Sangre de Jesús. La señora se puso aun más furiosa. Estaba maldiciendo continuamente y diciéndome que ella tenía una pistola y que me dispararía cuando estuviera en el estacionamiento.

Viendo que yo sólo estaba orando y aplicando la Sangre de Jesús a la situación, salió afuera. Para ese momento, el gerente había llamado a la policía y la cajera me dijo que todo el incidente había sido captado en video.

Cuando la policía llegó, completaron el reporte y me escoltaron hasta mi auto. Más tarde, fueron a mi casa a llevarme copia del reporte y a informarme que habían verificado el video de las cámaras de seguridad de la tienda y que nada se había grabado. Todo el mundo encontró eso extraño.

En el reporte de la policía estaba el nombre y la dirección de la señora que me amenazó. Aún no entiendo porque hizo semejante cosa, sin pensar que yo podía planificar una venganza en contra de ella. Tomé la información y comencé a preguntarle a DIOS que debía hacer con ella. DIOS continuaba diciéndome que eliminara los cargos, y eso hice.

Uno meses después, DIOS comenzó a recordarme el reporte y que no podía dejar de orar por aquella señora. Entendiendo que cuando uno sirve a un DIOS TODOPODEROSO, nuestras pisadas son ordenadas (pre-arregladas, planificadas y controladas) por el SEÑOR (parafraseado de Salmos 37:5; 23-24; 31 NVRS), entonces el Señor me dio el valor para llamar a aquella mujer al número de teléfono que tenía en el reporte de la policía. Cuando llamé por teléfono, sólo le recordé quien era y le pedí de favor que me escuchara porque tenía un mensaje de DIOS para ella. Cuando comencé a hablar, comencé por decirle que la perdonaba y a recordarle cuanto JESUS la amaba. Después de cinco minutos de estarme escuchando, comenzó a llorar y a decirme que ella no podía creer que JESUS la amará tanto porque ella tenía demasiada amargura y odio en su corazón. Entonces me explicó que ella tenía tanto enojo porque a la edad de nueve años, dos hombres entraron en su casa y le cortaron el cuello a su mamá en frente de ella. Entonces la cogieron, la amararon y la violaron una y otra vez. Comencé a llorar incontrolablemente con ella. No podía hacer nada para ayudarle, sólo hablarle del amor de DIOS y cuan importante era el perdón, por el bien de esos hombres, pero más aun, por el bien de su propia liberación.

Después de esta terrible experiencia, aprendí una lección muy valiosa; nunca asumas que conoces a una persona por sus acciones. Siempre ve a la raíz del problema. Observa lo que dices y lo que haces, porque puede haber algo más que los ojos no pueden ver. Si yo hubiese reaccionado a sus acciones, hubiera perdido el verdadero propósito que había para las dos.

La próxima vez que veas a alguien actuando con enojo, busca la verdadera raíz del problema. Si alguien continuamente te hace sentir enojado y te hace caer en pecado, entonces esa persona tiene control sobre ti.

La próxima vez que batalles con el coraje, pregúntate a ti mismo ¿qué es lo qué es...? ¿Cuál es el verdadero problema? ¿Qué es lo que realmente está causando esto? Si constantemente estás batallando contra el enojo, busca a ver si hay algún demonio envuelto. Puede que necesites liberación.

Puede que aun estés batallando con la falta de perdón, rechazo, dolores, heridas o miedos. No obstante, ten por seguro que DIOS está en completo control de nuestras vidas y ÉL puede cambiar eso drásticamente.

Lo que parece ser imposible para ti, es posible para DIOS. Mirándome hoy en día, se con toda certeza que mi transformación ha sido obra de DIOS; se que ÉL ha hecho un milagro.

Proverbios 25:28 dice: "*Si no puedes controlar el enojo, estás tan desprotegido como un ciudad sin murallas, abierto a los ataques*". En otras palabras, eres tu el que le estas permitiendo al enemigo que traiga toda clase de ataques en contra tuya, a través de esta puerta abierta. Tomate el tiempo ahora para reflexionar y pídele a DIOS que te libere de esos asuntos con raíz.

"Pastores Luis y Mayra, cuando los conocí era seguro que estaban buscando y ayudando a las personas, con el amor de CRISTO como su inspiración. Ustedes me han animado, han orado conmigo y me han ayudado sin pedir nunca nada a cambio. De sólo haberlos conocido, diría que su meta es hacer la voluntad de DIOS, llevar las Buenas Nuevas y ayudar a llevar el amor de DIOS así como ÉL nos lo da a todos..."

Andrew de Tampa, Florida

Capítulo 11

Los Miedos

Nunca hubiera imaginado cuantas personas batallan diariamente con diferentes tipos de miedos. Debido a que yo soy un Ministro de Liberación, muchas veces utilizamos el término "hombre fuerte". Lo tomamos de la Escritura en Mateo 12:28-29, que dice: "Nadie puede entrar en la casa de un hombre fuerte y llevarse sus pertenencias, a menos que primero aten a ese hombre fuerte; entonces podrán robar su casa". Este término se utiliza para identificar al demonio principal que controla a los otros demonios.

En el momento en que venimos a CRISTO JESÚS, ÉL comienza a trabajar en nosotros para liberarnos de todo aquello que nos tiene tan atados, no obstante es un proceso –en unos más lentos que en otros. El proceso realmente depende de nosotros. Depende de las decisiones que tomemos o del nivel de obediencia en nuestro caminar con DIOS. Cuando alcancé cierto nivel de madurez en CRISTO, ÉL comenzó a mostrarme los demonios que aún estaban afectando mi vida. Sabía que necesitaba liberación.

Después de como 10 años de estar en mi vida cristiana, ocurrió un evento. Mi padre vino a visitarme en mi casa; esa noche comencé a cantarle una canción y los demonios que él tenía comenzaron a manifestarse. Mi esposo y yo comenzamos a amarrar esos demonios, pensando que no estábamos muy seguros de que hacer o porque estaba pasando. Mi padre no estaba preparado para recibir liberación porque él nunca había aceptado a CRISTO. Aún después que oramos, no quiso recibir a JESÚS. No obstante, pienso que DIOS permitió que este evento ocurriera para mostrarme algunas de las raíces en mi propia vida. Después de este evento y durante dos semanas, no pude comer nada porque lo vomitaba. Comencé a sentir diferentes tipos de miedos. No podía tan siquiera ir a trabajar sin sentir miedo. Después de dos semanas de esta batalla, decidí hablarle a mi esposo sobre lo que estaba sintiendo, aún cuando sabía que él lo había notado. Si estás batallando con algo, el silencio nunca es la respuesta correcta. Aún el silencio puede ser una forma de miedo, que te esté deteniendo.

Cuando mi esposo comenzó a orar por mí, fue a colocarme las manos sobre mi cabeza cuando de la nada, un ventarrón pasó por entre nosotros; sabíamos que era el poder del DIOS TODOPODEROSO que llegó para trabajar conmigo. Fue tan fuerte que tiró mi cuerpo hacia atrás dentro de la otra habitación. En ese momento, mi cuerpo comenzó a levantarse del piso, mientras daba gritos que no eran míos. Comencé a vomitar y a temblar. Mi hijo mayor y mi esposo tuvieron que orar por mí un rato. Quedé tan débil después de este evento que dormí casi toda esa tarde.

Esto puede que suene como de terror, pero es cierto. Ahora se que, no sólo me ha pasado a mí, sino a muchas otras personas y por eso es que DIOS me ha *ordenado* que cuente la historia, pensando que el enemigo pueda mentirme y hacerme creer que si cuento esta parte de mi vida la gente pueda pensar mal de mí o que estoy loca o fuera de este mundo.

DIOS me ha dicho que muchas personas necesitan saber que no están solas. Algunas personas temen hablar, por "*miedo*" a que la gente no les crean, o por "*miedo*" a lo que otros puedan pensar de ellos.

Después de ese escalofriante acontecimiento, el SEÑOR comenzó a mostrarme que el "hombre fuerte" tuvo miedo. Tenía otros demonios en mi vida, pero al que realmente tenía que ponerle el dedo encima era al miedo. Ven, el miedo era la raíz. Pude haber sacado otros, lo que es bueno, pero a menos que no trabajara con el más grande; la raíz, no hubiera tenido una victoria total. Todas las otras cosas probablemente se hubieran levantado en contra mía, hasta que no hubiera trabajado con el verdadero problema que estaba en la raíz. Es como David y Goliat en el Viejo Testamento (1 de Samuel 17:1-51), si los israelitas hubiesen tratado con los hombres normales, no hubieran logrado nada, así que DIOS los llevó directamente a la fuente, al gigante: Goliat. Pero DIOS quitó a Goliat del camino y cuando los demás hombres normales vieron esto, corrieron asustados. Aún en las caricaturas o en las películas, los buenos matan a los malos, pero no es hasta que eliminan al líder de los malos, que los buenos no conquistan completamente. La única razón por la que un productor no permite que el líder principal de los malos muera temprano en la película, es porque ese sería el final de la historia. Sería muy sencilla y aburrida. No obstante, para DIOS esto no es aceptable, porque para Él, el hombre fuerte es el más importante. El resto viene luego, pero DIOS va directo a la raíz, como en la historia de la mujer Samaritana en el pozo, en Juan Capítulo 4 o en Juan Capítulo 3, cuando el líder judío Nicodemo, quien fue a donde JESÚS y comenzó a cuestionarle, entonces comenzó a halagarse y a dar golpes entre la maleza. En este momento, JESÚS fue directo a la raíz y dijo: "A menos que un hombre vuelva a nacer, no podrá entrar en el Reino de DIOS."

Otro ejemplo podría ser el de la mujer que está batallando con su esposo adúltero. La esposa comienza a enfocarse en la otra mujer. La esposa comienza a odiarla y a actuar en contra de ella. No obstante, la raíz puede estar en el hecho de que el esposo sea el que tenga situaciones de lujuria desde antes, y el caso ha resultado en adulterio. Nos cansamos nosotros mismos de pelear con cosas incorrectas en la vida y eso es exactamente lo que el diablo quiere. El nos tira señuelos para que perdamos nuestro punto de enfoque. Ve tras la raíz, la otra mujer es sólo una carnada.

DIOS necesitaba enseñarme de donde provenía mi miedo. Venía de mi padre, pero no vino de él durante el acontecimiento (cuando vino a visitarme y los demonios comenzaron a manifestarse), era una maldición generacional y DIOS utilizó la situación para mostrármela.

Mi abuelo golpeaba a mi padre con enojo, así que eso era todo lo que mi padre conocía. En retorno, mi padre me golpeaba a mí. Ese demonio me intimidaba tanto en mi niñez, que le tenía mucho miedo a mi padre. Cuando comencé a ir a ministros de liberación, ellos claramente veían la manifestación. DIOS tenía que mostrarme que no era mi padre, sino los espíritus que operaban a través de él.

Tuve que aprender a amar a mi padre y separar el verdadero él de esas cosas diabólicas que a veces lo utilizaban. Mi padre y yo hemos tenido conversaciones acerca de esto y él a estado de acuerdo conmigo. De hecho, mi padre aceptó al SEÑOR desde que ocurrió aquel evento.

Del miedo, vienen otras situaciones. Observa, toda mi vida estuve tan intimidada, que permitía que cualquiera me hiriera o abusara de mí —aún otros niños en la escuela. Si me decían "te voy a golpear"; me daba pánico y no me acercaba a ellos nunca más. En la escuela, me orinaba en los pantalones, por el miedo que me daba de levantar la mano para pedir permiso para ir al baño. Entonces, en mis años de juventud, decidí que nadie más me volvería a amenazar; entonces empecé a amenazar a los demás. Me convertí en la mala. Salía con pandilleros y cargaba bates y cuchillos para demostrarle a los demás lo fuerte que era. Me convertí en una persona muy controladora, manipuladora y más que todo, intimidante.

Era tan mala, que a medida que fui teniendo hijos, los corregía con enojo e intimidación. Era todo lo que sabía. Yo amaba a mis hijos, pero aún necesitaba ayuda de mi pasado. Después que le daba a mis hijos con enojo, me encerraba en mi cuarto por horas a llorar de culpa y condenación. Me odiaba a mi misma por haberles hecho daño. Yo era mi propia enemiga. Estuve en este círculo por mucho tiempo. Entonces, pasé de hacerles daño a nunca corregirlos por *miedo* a que le pudiera hacer daño nuevamente. Sabía en lo profundo, que esta no era la respuesta correcta, porque entonces crecerían sin disciplina. Entonces opté por gritarles como forma de disciplina, algo que también estaba incorrecto. No podía tan siquiera reírme genuinamente, porque no tenía verdadera paz y alegría. Pensé que era una situación perdida, sin esperanzas. Tenía que creer en DIOS para un milagro. Ven, los milagros no son sólo levantar a los muertos o hacer que un ciego vuelva a ver. Los milagros también vienen para aquellos que están solos y necesitan compañía; aquellos que tienen miedo y necesitan valentía y para aquellos que tienen rabia y necesitan sanidad interior. Un milagro es cuando sales de una situación sin esperanzas hacia la restauración, la cual trae nuevamente la esperanza, la paz y la verdadera alegría.

DIOS comenzó a trabajar con mis verdaderos problemas desde la raíz y a enseñarme. Comenzó a mostrarme Su amor incondicional y Su misericordia. Tenía que convencerme de que no importara lo que hiciera, ÉL me aceptaría. No ocurrió de la noche a la mañana, pero DIOS ciertamente hizo un milagro para mí. Miro hacia atrás y puedo ver todas las cosas de las que DIOS me ha sacado y le doy a ÉL toda la Gloria…

Ya no trato con mis hijos de la manera que solía hacerlo, porque DIOS a sacado la verdadera yo. La "*yo*" que DIOS quiere que sea; la "*yo*" que estaba enterrada bajo todos los dolores, la porquería por las que otras personas me hicieron pasar; y bajo la naturaleza pecadora de mis propios deseos. ÉL ha reemplazado el enojo, los rechazos, el orgullo y los miedos. ÉL me ha dado amor, fe, esperanzas y la alegría en CRISTO JESUS. ¡Ahora puedo decir que realmente me río con gusto…!

Creo que hay muchos que realmente están debatiéndose con esta situación en particular, especialmente por el miedo a lo que las personas puedan decir de ellos, miedo a destruir su imagen, o miedo a que alguien los descubra. Para algunos, es un secreto que no puede ser revelado y que se los está comiendo por dentro. Quicro que scpan quc los entiendo y que DIOS ciertamente también. ÉL aún te ama y quiere hacerte libre. Adelante, llora, deja que salga y busca a alguien en quien confíes y con quien puedas hablar.

DIOS me enseñó otros tipos de miedo que pueden venir también. He aquí alguno de ellos, sólo por mencionar algunos:

• *Miedo a que se aprovechen de nosotros*: esto hace difícil que una persona baje la guardia o sus protecciones. Un ejemplo de esto fue cuando tuve que bajar la guardia con mi esposo. No quería hacerme vulnerable a él porque pensaba: ¿*…qué si me hiere o me traiciona…?* No podría ser la esposa ideal que necesitaba ser, por miedo a que él se fuera o de que me causara dolor. Estaba protegida y adormecida, de manera que no me afectara mucho. No obstante, estaba perdiendo demasiado a cambio.

• *Miedo al dolor*: esto incluye toda clase de dolor, como el dolor de parto –por eso es que muchas mujeres no tienen más hijos. Hacer ejercicio es doloroso, pero los resultados son fabulosos. Aún el dolor emocional puede ser la causa para establecer un mecanismo de defensa y protección. Una vez alguien me dijo que no le gustaba recordar su pasado por miedo a tener que recordar todos los dolores que pasó. Yo le indique que si alguien entra a una sala de emergencia con una bala en un brazo y por alguna razón había que sacarla sin anestesia, aún habría que hurgar la herida para poder sacar la bala. Sería un dolor insoportable por un momento, pero lo mejor para la persona; lo opuesto a dejar la bala en el brazo y que causara una infección. Un drogadicto recuperado podrá entender esto mejor: cuando los adictos entran a desintoxicación, y comienzan a pasar por las recaídas, puede ser bien doloroso. Pero el resultado final, estar sobrio, vale la pena.

¿Cómo puedes explicarle a un niño pequeño que la vacuna que va a recibir a través de una inyección, es para su propio bien, aún cuando hay un dolor envuelto? Es como dice el viejo refrán *"Sin dolor, no hay ganancia"*.

- *Miedo a la muerte*: si alguna vez has tenido una experiencia que te haya acercado a la muerte, como haber estado a punto de ahogarte o un accidente de carros (autos), esto puede haber causado que el miedo entre en ti. Aprendí a nadar a la edad de 41 años debido a una experiencia que me llevó muy cerca de ahogarme, cuando sólo tenía 7 años. Después de ese evento, odiaba que el agua me pasara de la cintura. Decidí que recuperaría lo que el diablo me había robado durante todos estos años. No me importa cuanto tiempo me tome o cuan vieja sea. Hice esto para probarle a mi enemigo que estaba lista para confrontar todos los miedos que el había utilizado para intimidarme, aunque lo hiciera asustada.

- *Miedo al abandono*: esto puede haber venido del rechazo. Quizás alguien cercano a ti te dejó a través del adulterio, el divorcio, la muerte o el suicidio. Esto puede incluir a los animales. Esto puede provocar que no quieras acercarte mucho a alguien o a algo, por miedo a que también se vayan. Aún a través de las puertas de tus oídos, si estas rodeado de personas que están constantemente hablando de sus situaciones y estás son negativas, esto puede abrir una puerta a miedos a tus propias situaciones. Por ejemplo, si tienes amigos que están pasando por un divorcio, estás muy cerca o demasiado envuelto en ese escenario, las probabilidades son de que, si no tienes cuidado, puedes comenzar a imaginarte a ti mismo pasando por una situación similar o comenzarás a sospechar de los pensamientos de tu esposo(a), basado en lo que los otros hayan sentido o pensado. Esto puede ser poco saludable, a menos que estés seguro de que DIOS te ha llamado para que estés ahí para ellos. Entonces ÉL te protegerá.

- *Miedo a la noche/oscuridad*: esto puede provenir de haber jugado juegos en la oscuridad, o haber sido puesto en un cuarto oscuro por mucho tiempo o quizás por haber sido parte de un grupo o secta ocultista. Los niños no son los únicos que batallan con este tipo de miedo. Una forma de confrontar este miedo es permitiéndote apagar las luces a propósito, aunque parezca temeroso. La Biblia dice en Juan 4:7, que si te sometes a DIOS y resistes al diablo, éste tendrá que huir. Eventualmente, estas cosas no te controlarán más aunque esto signifique estar temblando y orando toda la noche. Yo también he estado ahí aun como adulta.

- *Miedo al fracaso*: esto vino del rechazo de mi madre. Todo lo que hizo fue criticarme y rechazarme. Siempre traté lo más que pude por recibir su aprobación, lo que me llevó a ser una perfeccionista pero de forma incorrecta porque nada iba a lograr que alcanzara las altas expectativas que ella tenía para mi o que me había impuesto a mi misma. Por eso, cuando me daban una tarea, tenía que hacerla lo mejor que podía y más allá, me preocupaba si no la podía hacer. Esto se puede experimentar en el lugar de trabajo, en el ministerio, las amistades, el matrimonio o aún con tu esposo(a) en momentos de intimidad.

- *Miedo a la autoridad*: cuando tienes una figura de autoridad que es bien intimidante o controladora, puede causar este tipo de miedo. Esto puede causar que respondas de manera tímida, con miedo o rebeldía porque no sabes como contrarrestar las horribles emociones que estas sintiendo. Esto te afectará con cualquier figura de autoridad como los jefes, esposas(os), tus padres y las leyes de la tierra entre otras cosas. No obstante, tienes que aprender a distinguir si esa figura de autoridad es intimidante, o serás tu el que estarás batallando con ser intimidado por la autoridad debido a tu pasado. Si eres super-sensitivo y has sufrido rechazos, una fuerte figura de autoridad puede causar que le temas. Estúdiate a ti mismo.

●*Miedo a las confrontaciones*: Algunas veces y debido a este tipo de miedo, las personas cambian de tema o tratan de rodear o evitar la situación. Puede que hasta se retiren y hagan ver que tienen otro lugar a donde ir u otra cosa que hacer, para así no tener que contestar ciertas preguntas que no quisieran contestar. Otros prefieren mentir antes de enfrentar ciertas verdades que pueden causar dolor o argumentos. Pueden huir de algo que estén tratando de ocultar o evitar abrir una caja de sorpresas.

Un ejemplo de esto puede ser una joven que no quiere decirle a su novio que el hijo que espera puede o no ser de él. Otro podría ser el de un esposo que vive con una mujer controladora y gruñona. Puede que él no le diga todos los detalles de como estuvo su día por el miedo de tener que lidiar con las quejas o la confrontación de su esposa porque hizo algo incorrecto. Otro ejemplo puede ser la de una joven que no quiere llamar a sus padres si se ha pasado de la hora de estar en casa por miedo a la confrontación.

Algunos padres no quieren confrontar a sus hijos jóvenes por miedo a que se escapen o a que se rebelen más. Algunos líderes en la iglesia no enfrentan situaciones con sus pastores debido a los miedos y vice-versa. A menos que no confrontes, nunca sabrás los resultados y nunca resolverás el problema porque se puede alargar o ponerse aún peor. Confrontar es mejor que correr o esconderse. Puede que tome algo de oración, valentía y el tiempo apropiado; pero lidiar con el problema es la forma correcta de hacer las cosas.

●*Miedo a lo desconocido*: Esto puede ocurrir cuando tienes que moverte de tu zona confortable o de seguridad. Un ejemplo puede ser el trabajo que has estado haciendo por mucho tiempo y ahora tienes que aventurarte a cambiar. Otro ejemplo es tener que lidiar con el cambio, como moverte a una nueva ciudad. A lo mejor DIOS te está llamando a un nuevo ministerio a tiempo completo y lo estas dejando pasar por miedo a perder tu seguridad (puede ser el trabajo, tus finanzas o tu estilo de vida).

El miedo de no conocer a tu enemigo, hará que tengas miedo de él. ¿Cuantas personas que son cristianas le tienen miedo a los demonios? No quieren ni siquiera hablar o aprender de ellos debido al miedo. ¿No crees que el enemigo te llenará de miedo para que no puedas aprender sobre sus tácticas? ¿Cómo podrías derrotar a tu oponente si no sabes nada sobre él? Te niegas a admitir que tienes situaciones en esta área porque realmente tienes miedo de admitirlo. Eso también es cierto sobre el DIOS TODOPODEROSO, para aquellos que realmente no le conocen, le tendrán miedo pero de forma negativa. Piensan que DIOS está siempre tratando de castigarlos o de herirlos. Realmente ellos no conocen a DIOS. ¿Y qué del miedo de que el Espíritu Santo se mueva en nuestras vidas, como en lenguas, profecías o algunas cosas extrañas que pueden no ser naturales para nosotros? Tendemos a rechazarlas porque no las entendemos. Entonces, si estamos con DIOS, ¿tú no crees que ÉL no pondrá sobre nosotros más de lo que podemos manejar? Sólo ÉL sabe hacia donde nos mueve y debemos confiar en Sus movimientos. ÉL le da a su pueblo la habilidad para entender Sus maneras. Podemos estar perdiéndonos de tantas cosas, porque el miedo nos paraliza y nos hace creer en mentiras o simplemente porque somos ignorantes a lo desconocido.

• *Miedo del hombre*: Esto se da especialmente en aquellas personas que han sido molestadas, violadas o físicamente abusadas. Este individuo no querrá enfrentar a la persona que lo lastimó. Puede que tenga todo tipo de pesadillas con esa persona. Esto también puede ser causado por el hecho de no tener confianza en una persona o ser extremadamente tímido.

• *Miedo al ridículo*: Si se han burlado de ti, te han criticado o ridiculizado toda tu vida, la probabilidad es que siempre estés muy conciente de como las personas te ven y de lo que las personas piensen y digan. Yo recuerdo no querer cantar frente a las personas porque creía que no tenía buena voz y tenía miedo de lo que la gente fuera a decir. Muchas personas me decían que tenía una tremenda voz. Muchas veces mientras oraba, el SEÑOR me decía que ÉL me había dado la voz y quería que la utilizara. Le doy gracias a DIOS que aún en esto, he podido vencer.

• *Miedo al rechazo*: Nuevamente debo decir que mi madre continuamente me rechazó por años; aún cuando me le acercaba para darle un beso, ella me respondía que era "el beso de Judas" como para decirme que era una hipócrita. Rara vez me devolvía el beso. Me fui alejando y alejando cada vez más de ella, en el área de la afección. Esto creó una gran cantidad de miedo, tanto que no quería sentirme constantemente rechazada. Esto pasó a otras relaciones ya que yo no quería ser la primera en acercarme con cariños, especialmente cuando sabía que era vulnerable.

Si constantemente le tienes miedo a lo que los demás puedan decir, al ridículo, al rechazo o a la persecución del público, nunca podrás conquistar lo que DIOS tiene para ti. Esto puede ser en el área de los ministerios, talentos, carrera o relaciones.

• *Miedo a quedarse sólo o envejecer*: Conozco a muchos hombres y mujeres que llegan a cierta edad y piensan que tienen que hacerse cirugía plástica porque tienen que mantener cierta imagen. Ver como te salen las arrugas, puede ser un sentimiento horrible, si dependes de como te ves para obtener la aprobación de los demás. También, si comienzas a pensar que debes de irte a un asilo o que tus hijos ya no te necesitan más, esto puede comenzar a causarte sentimientos horribles. Esto puede ocurrirle a las personas, especialmente si sus esposos(as) o hijos los dejan a una edad madura. También si te has quedado sólo debido a la muerte de alguien cercano a ti, esto puede desarrollar en miedo. Hay personas que pueden tolerar a otros en sus casas, por el hecho de no tenerse que quedar solos. Algunas mujeres no permiten que sus esposos salgan de viaje fuera del pueblo, por miedo a quedarse solas en sus casas durante la noche.

•*Miedo al compromiso*: Cuando un joven se compromete para casarse y comienza a ponerse nervioso, esto puede ser normal, pero cuando empieza a aplazar la fecha de la boda, esto puede ser causado por este tipo de miedo. Cuando alguien está muy cómodo en su trabajo y de la nada, DIOS le pide que salga de ese trabajo y, por fe, comience a servirle a tiempo completo, esto puede asustar. Cuando tienes que comenzar a ser responsable por el bebé que tu y tu mujer tienen; y tú sabes que tú no la amas y sólo quieres escapar de toda la situación, eso es miedo y negligencia. El miedo también puede manifestarse cuando es el momento de pasar a otro nivel con DIOS.

•*Miedo a confiar*: Muchas personas te han fallado. Has visto tantas cosas negativas en tu pasado o aún en estos momentos. No puedes ni siquiera confiar en ti mismo, debido a todo el daño que has hecho. Ahora encuentras difícil confiar en otros, aún en DIOS. También tienes miedo de que no te permitan ser libre. Sí, tienes que tener cuidado en quien tu confías, no obstante, no puedes vivir con estas ataduras y perder a los que ciertamente quieren estar ahí para ti. Se sensible al Espíritu Santo; pídele a ÉL que revele los corazones y que te libere de los miedos.

•*Horrores o terrores*: Esto puede ser la causa de haber sido abusado cuando niño, haber estado encerrado por horas, haber sido golpeado en una relación, al ocultismo o a ciertos tipos de libros, música, historias contadas en campamentos o películas de horror. A algunas personas le fascinan este tipo de películas y uno se tiene que preguntar porqué. Protege las puertas de tus ojos de lo que estas viendo en televisión. Puedes pensar que no te afecta, pero antes de lo que te imaginas, no podrás dormir en la noche. Puede que hasta empieces a tener pesadillas y tus pensamientos puede comenzar a reflejar lo que viste en la película. Puedes comenzar a ver imágenes o caras en tu mente que pueden asustarte. Lamentablemente, no podrás borrar alguna de las imágenes que registró tu memoria fotográfica y esto te puede seguir por largo tiempo. Esto no es una situación pacífica en tu mente. Recuerda que DIOS es todo lo que tenga que ver con paz, permitiéndote que la puedas alcanzar. "Porque no nos ha dado DIOS un espíritu de miedo y temor; sino de poder y fortaleza, de amor y de templaza" (2 Timoteo 1:7).

•*Miedo a las alturas*: Fuimos a un retiro con un individuo que no se quedó en nuestra habitación porque era en el piso 10. Era tanto su miedo, que decidió cambiar al piso 4. Entonces nos confesó que le tenía miedo a las alturas. Algunas personas no viajan en avión por miedo a la altura o por miedo a morir.

Por supuesto, existen otros tipos de miedo como miedo a los animales, insectos, a conducir, dormir desarropados y así por el estilo.

El insomnio (cuando no puedes descansar o dormir en la noche) o los ataques de pánico, pueden ser causados por ciertas clases de miedo. Deberías verificar la raíz de éstos.

Fobia significa un "miedo irracional (absurdo, loco) persistente" la palabra "fobia" es utilizada de forma ligera. Algunas personas la utilizan incluso de forma cómica, sin darse cuenta de que están confesando que tienen miedo a su propia situación. Es aquí en donde tenemos que velar nuestra puerta de la boca. Los demonios se recuestan de la idea de que pueden controlarte con ciertas clases de miedos. Observa lo que confiesas. Sí, puedes estar batallando con ciertas cosas en tu vida y estoy de acuerdo en que busques a alguien y hables sobre ellas; no obstante, mira a quien se las estas diciendo y no permitas que se convierta en una situación crónica. Puedes vencer.

Claustrofobia significa miedo a los sitios cerrados o estrechos. Había una mujer que me confesó que le daba terror entrar a un elevador por el miedo a que se cerrara y a quedarse atrapada. Entonces me dijo que su papá la encerraba en un armario oscuro por horas todos los días. Algunas personas no les gustan los cinturones de seguridad o los MRI's que son cerrados porque los hacen sentir como sofocados, esto puede venir de un miedo.

Si en algún punto de tu vida has estado envuelto en el ocultismo directa o indirectamente, la probabilidad es que hayan entrado ciertos espíritus de miedo porque esto es una gran puerta abierta para este tipo de manifestaciones.

Estar asustado no es un pecado. Pero si te entregas al miedo una y otra vez y comienza a controlarte, entonces no es FE, va en contra de lo que DIOS quiere para ti. DIOS quiere que enfrentes tus miedos.

Los miedos también pueden traer tormentos, paranoia, preocupaciones, ansiedades, ataques de pánico e intimidaciones. El Espíritu Santo de DIOS puede ayudarte a determinar con cual de estas estás batallando.

DIOS me ha enseñado que puedes entrar en un círculo de oración cientos de veces. Puedes ir a cada uno de los ministerios de liberación que existen (no me tomes por equivocación, puedes ser libre a través de un círculo de oración o de un ministerio de liberación), pero algunas veces, DIOS quiere que enfrentes tus miedos por ti mismo. ÉL me enseñó que tengo que renovar mi mente con Su Palabra y creer en Sus promesas. Tienes que aprender a batallar con la Espada del Espíritu Santo, la Biblia. Para pelear, tienes que memorizarte las Escrituras, no sólo leerlas de forma rápida. Tuve que escribirlas y ponerlas en mis espejos, cualquier lugar en donde pudiera verlas y aprenderlas una y otra vez. Tiene que ser mi arma y también la uso para aumentar mi fe, que es lo opuesto al miedo. Entiende que no hay paz en el miedo. JESÚS es paz y sólo su PALABRA la trae.

Si sentía miedo de la oscuridad, DIOS me decía que apagara las luces en la noche a propósito. Sométete a DIOS y resiste al diablo y él se irá porque el enemigo verá que aunque tienes miedo, no permitirás que él te controle. Vas a resistir aunque llegues al punto de sudar, temblar, gritar y llorar, pero no te darás por vencido, no importa lo que pase. Eventualmente, el enemigo se dará cuenta de que estás actuando en serio. Recuerda que DIOS es bueno y mientras dependas de ÉL, ÉL no te fallará; ÉL no permitirá que te venzan.

Aun JESÚS tuvo que demostrar resistencia en el Getsemaní, cuando le pedía llorando al DIOS Padre que pasara la copa de la muerte sobre ÉL y como 100% hombre, perspiró sudor y sangre mezclados. Estudios médicos han demostrado que cuando una persona está bajo mucha presión (agonía), tenemos pequeños capilares que se pueden romper y causar que la persona sangre. Piénsalo, para que el HIJO de DIOS le pidiera al PADRE que pasara la copa de la muerte en la cruz sobre ÉL, tiene que haber sido naturaleza humana el gritar con cada fibra de Su ser. Esto es una de las más grandes demostraciones de *resistencia* de la voluntad del hombre y en contra del enemigo, en sumisión a la voluntad de DIOS.

DIOS me ha enseñado Escrituras relacionadas específicamente a esta área de mi vida, como por ejemplo en Isaías capítulo 43 y Salmos capítulos 18, 23 y 91. También, *"Aquellos que creen en el SEÑOR son como el Monte Zión, que nunca será sacudido, más durará por siempre. Como las montañas que rodean a Jerusalén, así el Señor rodeará a su pueblo, de ahora en adelante y por siempre"* (Salmos 125:1-2); *"Yo no moriré, Yo viviré"* (Salmos 118:17); *"Se que viviré para ver la Grandeza de DIOS en esta vida"* (Salmos 27:13); y *"No habrá arma que pueda hacerte daño a ti y tendrás una respuesta para todos aquellos que te acusen. Yo defenderé a mis sirvientes y les daré la victoria..."* (Isaías 54:17).

Esto es sólo por mencionar algunas, pero tuve que aprenderlas para poderlas citar en contra de mi enemigo. Recuerda, DIOS nos da su armadura porque nuestra batalla no es en contra de la carne ni de la sangre, pero en contra de las malas fuerzas, los poderes de la oscuridad y los principados (Efesios 6:10-20). Su Espada, la Palabra de DIOS; es dada a nosotros para que nuestra fe aumente en nuestro interior para la renovación de nuestra mente, para motivar nuestra alma y para batallar en contra del enemigo.

Otra de las armas que me ha ayudado a vencer es alabar. Te sorprenderías de ver como tiras al enemigo en un mar de confusión, sólo con alabar a DIOS. No digo por sólo unos minutos; sino constantemente. La historia en 2 de Crónicas, capítulo 20, acerca del Rey Josafat, es uno de los mejores ejemplos de como la alabanza puede vencer al enemigo.

Salte fuera de tu zona confortable (segura) y ve a otro nivel en tu experiencia de alabanza. Si estas acostumbrado a sentarte, entonces ponte de pie; si alabas por 30 minutos, hazlo por una hora. Si puedes danzar o agitar las banderas, hazlo. No siempre tienes que entender como funcionan estas cosas, sólo ten fe de que funcionan.

Ayunar es otra manera de conquistar. Permite a tu espíritu dominar la carne. Algunas personas pueden necesitar comer algo o beber agua. Algunas personas, puede que tengan que ayunar por más de un día. Algunas personas tienen que ayunar del televisor. Cualquiera que sea el caso, está seguro de que sea el Espíritu Santo quien esté dirigiéndote.

Entiende que lo que pudo haber trabajado para ti en un momento dado, puede que no trabaje en otro. Si no estas seguro que estrategia utilizar o si no estás seguro de que es lo que está pasando, pero sabes que estás en la zona de guerra y que necesitas liberación, sólo te diré que clames a JESÚS. Aunque sólo puedas gritar Su Nombre o sólo puedes gritar la palabra "auxilio". Sólo eso es una oración a ABBA (DIOS, nuestro Padre) y una estrategia en si mismo.

Otra forma en la que DIOS trabaja para darte libertad, es cuando te utiliza para ayudar a otros. He tenido el privilegio de poder ayudar a alguien espiritualmente y antes de que me diera cuenta, he sido liberada en un área sobre la cual había estado esperando liberación.

De todas maneras, si no sabes que hacer, no te de pánico; *sólo quédate quieto y recuerda*: "*estad quietos y conoced que Yo soy DIOS*: ensalzado he de ser entre las gentes, ensalzado seré en la tierra" (Salmos 46:10 – parafraseado).

No tienes que sentirte culpable o abochornado de sentir miedo. Nunca pienses que no puedes hablar de esto con alguien, porque esto nos pasa a todos de una manera u otra.

Sentirse asustado no es una derrota. Estar asustado no es un pecado. Alguna vez alguien dijo "hazlo asustado". Esto quiere decir que puedes tener miedo de algo o de alguien, pero aún así confronta la situación mientras te sientes asustado. Sólo si permites que el miedo tome control, serás derrotado. Si te entregas al miedo una y otra vez y éste comienza a controlarte, entonces no es FE y va en contra de

114

lo que DIOS quiere para ti. Una vez más, DIOS quiere que enfrentes tus miedos.

DIOS está dispuesto a completar el magnífico trabajo que empezó en ti (Filipenses 1:6). Recuerda, el comenzó tu viaje, no tu. Así es que ten por seguro que, mientras tú se lo permitas, ÉL lo terminará. Ahora puedo decir que JESÚS es el *fuerte* dentro de mi (parafraseado de I de Juan 4:4).

Realmente amo y me disfruté sus clases de "**Asuntos con Raíz**". Me han hecho pensar sobre las profundas situaciones de raíz que tienen los miembros de mi familia. También aprendí sobre el amor de DIOS por mi"

Tamara de Jacksonville, Florida

Capítulo 12

La Desnudez

Génesis 2:9 dice que DIOS creó toda clase de árboles, pero en el medio del Jardín del Edén, habían dos árboles en específico. Uno era el Árbol de la Vida y el otro era el Árbol del Conocimiento del Bien y el Mal. Una vez comas del Árbol de Conocimiento del Bien y el Mal, estarás expuesto al pecado.

Adán y Eva desobedecieron a DIOS y comieron de ese árbol en particular. Antes de que comieran del árbol, estaban desnudos y no sentían ninguna vergüenza (Génesis 2:25). La razón por la que no sentían vergüenza, era porque no habían pecado. Eran inocentes y puros de corazón y pensamiento. No obstante, desde el momento en que comieron del Árbol del Conocimiento del Bien y el Mal, sus pensamientos cambiaron. Adquirieron conocimiento de pensamientos malignos, ahora conocen el pecado; ahora están corruptos. Sus ojos se abrieron a la vergüenza, a la culpa, a los miedos, a la perversión y a la muerte. Ahora aprendieron que estaban desnudos y que tenían que cubrirse e hicieron ropa de las hojas. Piensa en esto, DIOS era su cobertura; Su Gloria los cubría. Entonces, cuando cayeron en desobediencia a través de la rebelión, perdieron esa cobertura y tuvieron que empezar a buscar sus propios recursos (Génesis 3). ¿No se parece eso a nosotros cuando tratamos de hacer las cosas a nuestra manera porque DIOS no quiere cubrir más lo que estamos haciendo; cuando DIOS no acepta nuestras ofrendas o nuestras oraciones? Aun Saúl, en el Viejo Testamento de la Biblia, fue a consultar a una bruja para buscar respuestas, cuando DIOS se apartó de él y no quería hacer nada más con él (1 de Samuel 28:3-10). Yo creo que si ambos, Saúl y Judas; quien traicionó a Jesús, se hubiesen realmente arrepentido, DIOS hubiera tenido misericordia y los hubiera perdonado.

Cubrirnos es una forma de protección, para mantenernos alejados del enemigo o de cualquier tipo de daño y para mantenernos alejados de saber más de lo que deberíamos; según un padre lo hace con sus hijos cuando no es el tiempo correcto para saber mucho sobre algo en particular. DIOS estaba manteniendo a Adán y a Eva alejados de la muerte, las enfermedades, las decepciones, las mentes corruptas –el PECADO. Cubrirnos es la Gracias de DIOS sobre nosotros. Es como una sombrilla sobre nosotros. Es como si pusiera su Manto Sagrado en nosotros. ÉL nos viste con su gloria. Es Su presencia alrededor de nosotros (Salmo 91).

Ahora DIOS llegó al Jardín y llamó; "¿Adán, donde estás?" ¿Honestamente crees que DIOS, el creador del universo no sabía donde estaba Adán? DIOS quería que Adán supiera donde ÉL estaba. ÉL se estaba preparando para trabajar con y exponer el pecado de Adán.

Es como si DIOS nos llamara a nosotros y nos pidiera que miráramos el espejo de nuestra vida detenidamente y entonces preguntarnos ¿qué ves? Adán le dijo que sintió miedo y por eso lo hizo. Entonces dijo que se vio desnudo y sintió vergüenza. Que gran contraste con el Adán anterior, antes de que comiera de ese árbol. ¿Ves lo que hace el pecado? Trae vergüenza, culpa y miedos.

Muchos de ustedes se sienten avergonzados de cosas que han hecho en su vida y piensan que DIOS nunca los podrá perdonar. Piensan que nunca podrán responder por lo que hicieron, siendo abortos o cualquier otro tipo de asesinato o haberse alejado de DIOS y no saber como regresar a ÉL. Quizás te fuiste de tu casa y no sabes como regresar. Quizás fue un aborto espiritual (haber dejado un ministerio o el llamado en tu vida) y estás decepcionado. Cualquiera que sea el caso, yo te garantizo que no fue una sorpresa para DIOS, cuando fue ÉL quien te creo y te formó en el vientre de tu mamá. ÉL te conoce mucho antes de haber sido creado por ÉL. ÉL te creo con un propósito y ÉL sabía que ibas a tomar ese camino. ÉL no está complacido con eso, pero aun te ama y está dispuesto a perdonarte y a recibirte nuevamente. Aunque la iglesia, la familia o los llamados amigos te hayan condenado, entiende que DIOS no lo ha hecho. DIOS es un DIOS de una segunda oportunidad.

A pesar de que el pecado tiene sus consecuencias como las tuvo para Adán y Eva (no sólo fueron echados del Edén, sino que además plantaron la semilla para la muerte y las maldiciones); DIOS los "cubrió" con piel de animal para que no sintieran vergüenza y, a Su propia manera, les dio una segunda oportunidad, aunque no fuera lo mismo otra vez. De todas maneras, DIOS sabía que esto iba a pasar, así que tenía que introducir su Plan Maestro, que era El Camino a la salvación a través de su hijo Jesucristo.

Vamos a Génesis 9:18-27, donde veremos a Noé después de la gran inundación, cuando decidió plantar viñedos. Se emborrachó con su propio vino y se acostó descubierto en su propia casa. Aunque Noé estaba en privado, yo creo que al acostarse *"descubierto"* (aquí está la palabra otra vez) fue un símbolo espiritual de decir que Noé no estaba protegido. Mirándolo desde el *aspecto espiritual*, podríamos decir que Noé había hecho algo incorrecto y no tenía la cobertura de DIOS. Piénsalo por un momento, después de todo, el único que no tenía pecados fue Jesús de Nazaret, siendo 100% humano. Noé no estaba exento de pecado.

¿Significa esto que Noé era un borrachón? No lo creo. Yo creo que todos tenemos nuestros momentos donde perdemos la sobriedad o el auto-control. No estoy hablando de tomar alcohol, estoy hablando de la carne, haciendo cualquier cosa que no le agrade al Señor.

Sus tres hijos, quienes estuvieron con él en el Arca durante la inundación eran Jafet, Sem y Cam. Cuando su hijo menor, Cam, entro a la tienda de su padre y lo vio desnudo, salió de la casa y se lo dijo a sus dos hermanos. Entonces los otros dos hermanos tomaron una manta y entraron a la tienda de espaldas y cubrieron a su padre desnudo. Aun sus caras miraban a otro lado, para no ver la desnudez de su padre. Eso es respeto y honor total.

Cuando Noé despertó y se enteró de lo que Cam había hecho, Noé maldijo al hijo de Cam diciendo: "¡tu hijo Canaán maldito será! El será el más bajo que los esclavos para Sem y Jafet". Entonces bendijo a Sem y a Jafet por lo que habían hecho.

Pensarás que eso no es nada y que fue injusto, es obvio que Noé estaba muy enojado.

Algunos eruditos de la Biblia dicen que Cam o Canaán le hicieron algo más a Noé, además de verlo desnudo. Homosexualidad, violación y humillación son frecuentemente mencionados como posibilidades. No obstante, el texto no menciona que Cam o Canaán le haya hecho algo a Noé; cualquier comentario de lo que ocurrió son meras suposiciones.

Existe otro ángulo de opiniones que surgen de las Escrituras, que dice: "Y el hombre que se echare con la mujer de su padre, descubre la desnudez de su padre..." (Levítico 20:11). Con esto en mente, algunos sugieren que Cam sostuvo relaciones con la esposa de Noé, y eso fue lo que trajo la maldición sobre Canaán. Aun así, este punto de vista de "desnudez descubierta" no toma en consideración que Sem y Jafet entraron de espaldas y cubrieron a Noé con una manta. Por ende, yo diría que estos no son evidencias sustanciales.

Para poder entender la maldición que cayó sobre Canaán, tendríamos que entrar en una historia, que resumiré en pocas palabras. A través de cientos de estudios que se han realizado, se ha establecido que Cam o Canaán es el antepasado de lo que es África (principalmente la región de Egipto). Sus cuatro hijos (Cush, Mizraim, Phut y Canaán), se dividieron y se convirtieron en otras naciones.

Abraham e *Israel* fueron los descendientes de Sem (el hermano de Cam) y se puede ver la maldición según comienzas a estudiar los enemigos de *Israel*. A través del Viejo Testamento, los Israelitas siempre estaban en guerra, de una forma u otra, con las naciones bajo los descendientes de Cam. Entonces podemos ver como Israel conquista a Canaán, bajo Josué, permitiéndole convertirse en sus sirvientes (Josué Capítulos 1, 2 y 6).

Podemos ver como una maldición generacional puede durar mucho tiempo, como pasó con Canaán. Le costó a Cam un gran número de consecuencias, debido al hecho de haber expuesto la desnudez de su padre, lo que me trae el punto principal de este capítulo.

Había terminado de escribir este libro, cuando de pronto el Señor me despertó diciéndome que tenía que incluir este capítulo en el libro. Al principio, no podía entender la importancia de esto, así que no lo iba a incluir. Entonces DIOS no me dejaba tranquila. Me seguía diciendo que tenía que incluir este capítulo en el libro. Entonces ÉL me explicó porque y me dio la revelación.

Déjenme explicarles: pase por unas cuantas situaciones en mi pasado, donde me vi literalmente desnuda y me sentí avergonzada y culpable, porque lo hice por un sinnúmero de razones, todas incorrectas. No fue hasta que conocí a mi esposo y me casé bajo la cobertura de DIOS y con Su Bendición, que entendí que podía desnudarme sin sentirme avergonzada. Gracias a DIOS que ÉL sabe como limpiarte y cubrirte de manera que no tengas que caminar con la cabeza baja.

Lo que este capítulo expresa, no se trata de la desnudes literalmente, sino de descubrir lo que es realmente tu corazón. Pase por un incidente, donde les permití a unas viejas amistades ver mi desnudez. Permití que me vieran de una manera que nadie nunca me había visto. Ellos vieron cuando estaba enojada y cuando estaba triste; ellos sabían mis gustos y disgustos y mis debilidades. Ellos vieron cuando mi esposo y yo discutimos y cuando era desafiante y presionaba para que trabajaran más fuerte en sus potenciales, aunque yo estuviera desorganizada. Nunca resguardé mi corazón ni ninguna parte de mi misma, tan siquiera de mi familia, porque me sentía muy cómoda y confiada. Hasta que un día ¡*boom*...! Mis "amistades", quienes cenaban conmigo y compartían mis secretos, me tiraron una "curva". Cosas que había permitido que vieran de mi, las habían hablado con personas que ni siquiera conocía. La forma que había sido con ellos, había sido malinterpretada y "ajustada" para justificar lo que querían lograr para ellos mismos. Incluso vinieron en contra del ministerio y trajeron división. El enemigo realmente tomo ventaja de esta oportunidad.

Fue mi culpa por haberme permitido desnudarme. No me importa quien tu eres o cuantos diplomas tengas, cuantos años tengas como cristiano o que posición tengas; todavía pecas y tienes defectos. Debemos siempre saber a quien no dejamos entrar en nuestro círculo. Aun Jesús tenía muchos seguidores y amigos, pero sólo doce estaban cerca de ÉL, y aún de los doce, sólo tres eran sus confidentes.

Debes poder desnudarte y no sentirte avergonzado. Si te sientes avergonzado o temeroso, puede ser porque estés en pecado o puede ser que, aunque no hayas hecho nada incorrecto, estas personas pueden hacerte sentir así, porque te estas desnudando en frente de las personas equivocadas.

¡Mucho cuidado! Todos tenemos defectos. Todos tendremos el "momento de Noé".

DIOS utilizará a alguien que nos respete para que nos corrija en amor; no a alguien que exponga esa desnudez y le diga a todo el mundo, cree chismes o nos traicione.

Si tienes una figura de autoridad que no esta correcta acerca de algo, ya sea tú *propia opinión* o simplemente porque es cierto, hablar con la persona sería correcto, después de mucha oración. No obstante, entiende que tienes que seguir el protocolo correcto, porque no todo el mundo tiene la autoridad de hablar y tratar de corregir a un líder; así como un soldado en el ejército no trata de corregir a un general o un estudiante en la escuela no trata de corregir al principal. Deja que DIOS sea DIOS. Ten presente que así como Cam, puedes traer una maldición sobre ti mismo, por tratar de exponer a esa figura de autoridad, en lugar de cubrirla como lo hicieron Sem y Jafet.

Entiende que un verdadero hombre de DIOS, puede aprender de sus errores y puede tener arrepentimiento total. DIOS les dará a las personas la oportunidad de hacer lo correcto. Puedes hacerlo tan malo o peor si traes vergüenza a ese individuo exponiéndolo o exponiéndola. ¡Vergüenza debiera de darte!

Se un Sem o un Jafet, quienes amaban a su padre tanto que estuvieron dispuestos a ver las cosas desde otro ángulo, cuando tomaron el manto y lo cubrieron y nunca expusieron lo que había hecho. ¿Qué estoy tratando de decir, que debería condonar? Absolutamente ¡NO! Pero el amor protege (1 de Corintios, capítulo 13). Siempre hay una forma amorosa y una forma diabólica. Ten cuidado por cual decides.

¡Desnúdate y no tengas vergüenza! Recuerda que hablamos de la desnudez espiritual –la desnudez del corazón; no literalmente. Lo bueno de todo esto es que nos podemos desnudar delante del Señor y no sentir ninguna vergüenza. Esta es la diferencia entre el hombre y DIOS. La gente nos abochorna; pero DIOS nos cubre y nos enseña amor y misericordia.

¡Vamos a desnudarnos delante del Señor! Guardemos nuestros corazones y tengamos cuidado de quien dejamos entrar. *"Maldito el hombre que ponga su confianza en otro hombre"* (Jeremías 17:5-7).

Si has estado viviendo en culpa, desgracia, vergüenza condenación o miedo del castigo o el rechazo del Señor, ven y humíllate tu mismo. Dile cuan arrepentido estas y pídele a DIOS que te perdone. Abre tu corazón y confía en ÉL. ÉL te limpiará y te quitará la vergüenza. No hay condenación para aquellos que estén en Cristo Jesús (Romanos capítulo 8). ÉL no vino para eso; ÉL vino para traer vida a tus situaciones muertas.

Para aquellos que son como Cam, les digo que se arrepientan y busquen misericordia; deténganse y no expongan más la desnudez de otros. Esto no le es placentero a DIOS, esto es pecado. No da honra. Esto puede ser una puerta abierta. Ciérrenla en el nombre de Jesús. Pidan y Jesús les escuchará. DIOS es misericordioso.

Por cierto, gracias a todos los Jafet y Sem que están allá afuera. Los felicito.

"DIOS me ha bendecido tanto con sus clases. He aprendido tanto y se que DIOS continuará haciéndome libre como consecuencia del conocimiento que he recibido. Quiero ser parte de su ministerios".

Almida, de Quince, Florida

Capítulo 13

El Orgullo y la Altanería

Altanería significa lo mismo que orgullo; arrogancia, engreimiento. Alguien que tiene un espíritu orgulloso, altanero o engreído nunca lo admitirá. Este tipo de persona es impaciente con los demás. Son de las personas que creen o piensan que saben más o son mejores que los demás. Estos orgullosos tratan de corregir o rebajar a las personas que no están a la "altura" de ellos, ni con lo que él o ella están haciendo. De hecho, aquellos que no alcanzan sus expectativas, jamás pueden pertenecer a su círculo social o personal; son "raza aparte" según ellos.

Las personas llenas de orgullo –orgullosa, se molestan con los demás si no demuestran ser tan inteligentes como ellos. Rechazan y maltratan porque no pueden mantener el paso. Rebajar y humillar a otros es su especialidad, lo que saben hacer mejor.

Hay otra clase de orgullo que se llama "arrogancia espiritual". Esta forma de orgullo afecta a aquellos que pertenecen a otra iglesia o afiliación cristiana, especialmente si piensan que tienen una relación especial con DIOS; que han llegado a la perfección y que su camino es la única verdad; que son los mejores. Pueden llegar a ser muy "opinadores" o predicadores (cuando empiezan a creer que siempre tiene algo que decir o añadir). Pueden ser demasiado doctrinales (donde ellos sienten que están muy correctos con la forma de ver su religión y creencias, mientras que los demás están incorrectos). Esto de por sí, es muy peligroso porque llegan al punto donde no se aceptan correcciones ni opiniones. Se deja de ver la verdad.

La Palabra de DIOS dice: *"el orgullo precede a la caída"* (Proverbios 16:18); DIOS dice que odia una actitud arrogante (Proverbios 6:16-19; 16:18).

DIOS definitivamente exalta al humilde. Recordemos que el diablo fue un ángel que estaba al lado de DIOS hasta que se volvió orgulloso y altanero y pensó que él podía ser igual que DIOS y es ahí donde DIOS lo expulsa de su presencia (Isaías 14:12-20; Ezequiel 28:11-19). Tú no quieres llegar al punto donde DIOS te expulse de su presencia. Uno sería miserable sin DIOS.

Nosotros no sólo debemos humillarnos cuando sabemos que hicimos algo malo, sino que debemos enfrentarnos a eso en todo momento y en cualquier circunstancia. La humildad es una característica de la virtud. No hay que ser un dios para caminar con humildad; es lo moralmente correcto.

Creo que el orgullo viene de diferentes áreas tales como el rechazo. ¿Por qué el rechazo? Cuando se combate el rechazo, parece como si fuera demasiado fuerte como para ver que nadie te acepta; aún uno mismo. Por lo tanto, hay momentos que puedes permitir que semillas de orgullo y altanería empiecen a germinar en tu mente y te hagan creer que eres mejor o superior que los demás. Esta mentalidad viene a ser como una asignación para hacerte sentir importante de una manera impía. Es una forma o mecanismo de defensa que aumenta tu ego, ya que de esta manera te proteges del dolor y de las inseguridades que produce el rechazo.

Tienes que empezar a convencerte a ti mismo que eres importante, que eres hermoso y que eres bendecido. No hay nada malo con pensar positivamente, lo malo es permitir que se apodere de ti de una manera equivocada. Cuando empiezas a rechazar a otros por creerte superior o mejor, es dañino. Si rechazas a otros, ya sea por su talento, por como se ve (apariencia física), su posición social o por otras cosas creyéndote que eres mejor que ellos, entonces muy dentro de ti, tú estas inseguro.

Están aquellos que se pueden señalar como arrogantes, porque caminan con confianza. Por lo tanto, cuidado con confundir "confianza" con "arrogancia", porque hay una diferencia en estos términos. La verdadera confianza proviene solamente cuando entiendes quien eres tu para DIOS; no necesitas que otros te aprueben en lo que haces si tienes la aprobación de DIOS; y quien mejor que ÉL.

El orgullo puede ser generacional. ¿Piensa en como tu familia te crió? ¿Pensaron ellos que, por alguna razón, tu eras mejor que algunos de tus compañeros? ¿Que tal la discriminación? ¿Rechazó tu familia a otros por su estatus social, raza, color, religión o afiliación política? La crianza pudo haber tenido una gran influencia respecto a por qué eres arrogante o indiferente hacia otros.

El orgullo puede venir del crecimiento en DIOS, a tal extremo de creerte muy grande, y es ahí donde DIOS te "sacude" y te "baja del caballo" de una manera muy fuerte. Un ejemplo de esto puede verse cuando te desarrollas haciendo la obra de CRISTO y ÉL empieza a usar tus dones de gran manera. Puedes llegar a ser un gran cantante, predicador, bailarín, escritor, presidente de una gran empresa, etc. Sabes que la gente te quiere y que les gusta que seas el escogido para eso que haces y has sido llamado. Has llegado a ser bien reconocido y altamente estimado donde quiera que vas. La gente te desenrolla la alfombra para que camines por ella. La gente está a tu servicio y te sirven sin reservas a tus mandatos. Estas son muy buenas razones para que tu cabeza se infle y te conviertas en un altanero.

Así comienzas a tratar a la gente como si fueras el "todopoderoso", para ti ellos son los sirvientes de su majestad, estas olvidando quien te puso ahí, pero más que todo, estas olvidándote de darle toda la gloria a DIOS y el crédito de donde estás y quien eres. ¡CUIDADO...! "El orgullo llega primero que la caída". Humíllate y ve del lado de DIOS, dale tu tiempo para que ÉL pueda mantenerte puro y lejos de caer en la destrucción.

Un gran ejemplo de lo que hace el orgullo, se puede ver con el Rey Nabucodonosor (Daniel 4:28-37). El Rey era tan grande que gobernadores y personalidades de alto rango a través de todo el imperio le rendían tributo y lo reverenciaban. El problema fue que su orgullo creció tanto que se creyó superior a DIOS. Por esto DIOS TODOPODEROSO y creador del universo, decidió despojarlo de su trono y de todo lo que poseía. Fue una tragedia; el Rey perdió todo, incluso su salud mental, se volvió loco. Se tuvo que ir a vivir con los animales, a comer hierva como los bueyes. Su cabello creció como las plumas de las aves, sus uñas como garras. Deambuló por siete años hasta que reconoció que DIOS es omnipotente y que nadie está más alto que ÉL. Tuvo que humillarse y reconocer la grandeza de DIOS; que él tenía que estar por debajo de DIOS, NUNCA SOBRE ÉL. Después de reconocer su error y arrepentirse sobre quien era él en comparación con DIOS, se le re-establecieron sus bienes y, por consiguiente, su corona de rey.

Aprendió a darle a DIOS toda la gloria y honor que ÉL se merece. No esperes que DIOS actúe por tus pecados y te castigue. Reconoce y ruega por su misericordia para que no sufras el castigo del rey Nabucodonosor y no caigas como "Humpy-Dumpty".

Ser orgulloso o altanero significa que eres auto-centrado; egoísta a saber. Es el síndrome de *"El Yo" o "y que conmigo"*. Si no se hace a tu forma, te ofendes; no eres flexible. Cada movimiento y motivo, están enfocados para tu propia satisfacción. Aún cuando das a otros, observas el motivo por el cual lo haces, si es por reconocimiento, satisfacción o cualquiera otra razón real que uses para dar.

Veamos la parábola de Lucas 18:9-14: "Dos hombres subieron al templo a orar, uno era un colector de impuestos (conocido como un injusto — pecador) y el otro era un fariseo (conocido como un justo - santo). Por supuesto, el Fariseo se decía que era el hombre justo ante sus propios ojos y ante la sociedad (justo significa recto, conforme a los altos estándares de la moralidad y virtud). Pensando que él es bueno, el Fariseo comienza su oración diciendo: 'Señor, te doy las gracias por no ser como los otros, yo no robo, no soy avaro, hago ayuno, doy más en mi diezmo.' El le estaba dando cuentas a DIOS sobre todo en lo que él era bueno, como si DIOS no viera el corazón. Entonces el Fariseo continuó: 'Gracis DIOS porque no soy como el Colector de Impuestos que está allá.' Entonces la parábola continúa diciendo que el Colector de Impuestos se paró en la distancia y ni siquiera pudo levantar la cabeza hacia el cielo. Estaba muy avergonzado de quien era y de lo que hacía. El Colector de Impuestos comenzó a rogar por misericordia, reconociendo que era un pecador.

Entonces JESÚS dijo: *"en verdad te digo que el Colector de Impuestos está más correcto ante los ojos de DIOS que el Fariseo. Aquel que escoge humillarse el mismo, será hecho más grande; más, aquel que escogiera hacerse grande el mismo, será humillado"*. Aunque el Fariseo hacía todas estas cosas buenas, aun tenía una raíz muy profunda en su corazón, que probablemente sobrepasaba todas las cosas buenas que hacía. Por eso fue que JESÚS fue directamente hacia él.

La Parábola describe de alguna manera, a aquel que se proclama como auto-recto, pensando primero en sí mismo, en lugar de lo que debería estar pensando. Pero DIOS ve los motivos del corazón. Recuerda que fue JESUCRISTO quien se convirtió en recto, honrado en nombre de todos nosotros. Por nuestra propia cuanta, nunca hubiésemos podido alcanzar el Paraíso. Nuestra honradez es como trapos sucios ante el SEÑOR (Isaías 64:6), no obstante, y debido a que JESÚS tomo nuestro lugar en la Cruz del Calvario, ÉL nos da el derecho a heredar su honradez. Es sólo cuando tienes fe en CRISTO y en el precio que ÉL pagó, como podrás heredar su honradez; nunca será por algo que hayas hecho de forma correcta. Si, es cierto que tenemos que trabajar para nuestra salvación; no obstante, no existe ninguna condenación en aquellos que están en CRISTO (Romanos 8). No tienes que maltratarte a ti mismo cada vez que haces algo incorrecto. Siempre y cuando tengas arrepentimiento en tu corazón y te humilles ante ÉL, DIOS trabajará contigo. ÉL no está para azotarte o pegarte cada vez que cometes un pecado. ÉL te ama incondicionalmente; por ende, sus planes son prosperarte (espiritual, del alma y del cuerpo), y no hacerte daño (Jeremías 29:II, parafraseado). No tienes que tocar tu propia bocina, deja que ÉL te ponga en la mirilla a SU propio tiempo.

Debes estar pensando: "¡O no, esta cuestión del orgullo, nunca me pasará a mi!", pero aun juzgas a otros. La BIBLIA dice que con la vara que juzgas a los otros, serás juzgado tu también (Mateo 7:1-6).

Una trampa puede llegarle a cualquiera, en cualquier momento. Mantente alerta y vigilante, porque el diablo está rondando a tu alrededor, como el león que busca una presa para devorar (1 de Pedro 5:8). ¡Muy pendiente! Tómate el tiempo ahora para arrepentirte de ese pecado que se llama orgullo.

Pregúntale a DIOS de donde sale esta raíz de orgullo en ti. DIOS está siempre más que dispuesto y disponible para darte una revelación interna, información, entendimiento, sabiduría y las estrategias para sobrepasarlo. ÉL te ama demasiado para dejarte igual. Sólo pide y recibirás. Dale a ÉL un corazón oprimido y un espíritu humillado y observa como DIOS trabajará a tu nombre. Mantén la puerta del orgullo cerrada a todas aquellas oportunidades que vendrán.

"Fui a uno de los retiros de *"Asuntos con Raíz"* y podría decir que, durante todo el fin de semana, estuvimos trabajando con eso: las raíces que tenemos en todos los aspectos de nuestras vidas. Sin llegar a la raíz, no podemos comenzar a transformarnos. La Pastora Mayra tiene una bendición exquisita en su vida, para remover cargas y destruir "las situaciones" en el área de liberación. Habiendo compartido parte de mi tiempo con esta increíble mujer de DIOS, muy fuertemente recomiendo que cada lector apoye el libro y se una a este increíble ministerio que cambia vidas. Pastora, amo lo que DIOS está haciendo en su vida, que le permite llegar muy profundo en la vida de muchos otros. ¡La amo…!

Deborah de Tampa, Florida

Capítulo 14

Pequeñas Zorras que Dañan el Viñedo

Cantar de los Cantares 2:15, nos habla de pequeñas zorras que dañan nuestros viñedos mientras están florecidos. Cuando leí esto, el Espíritu Santo me reveló que algunas veces estamos tan ocupados tratando de atrapar las zorras grandes que nos olvidamos de las pequeñas. Muchas veces, podemos ver las zorras grandes, porque son mas obvio. No obstante, no podemos atrapar las pequeñas porque se nos escapan entre los dedos, sin que nos demos cuenta. Estas zorras pequeñas pueden dañar nuestro viñedo tanto o más que las grandes.

DIOS me enseñó como esto era un símbolo de aquellas cosas que nos van dañando por dentro de una forma muy sutil y sin darnos cuenta; mientras nuestros viñedos van floreciendo.

¿Qué es el viñedo? Somos nosotros. Siempre estamos floreciendo y dando frutos. Aun cuando nuestro proceso sea lento y aunque no estemos produciendo frutos en el momento, la meta de DIOS es que podamos llegar a producir buenos frutos. Recuerda que sólo reconocemos al verdadero sirviente de DIOS por sus acciones (Mateo 7: 16-20); no por los títulos que llevemos o por cuanto conocimiento tengamos.

Aun cuando las llamamos "pequeñas zorras", sólo las llamamos así porque se esconden muy bien y no las podemos atrapar; pero realmente no son pequeñas ante los ojos de DIOS. Para DIOS, pecado es pecado, sea grande o pequeño. Entendamos también que estas "pequeñas zorras" pueden provenir de raíces mayores y porque son pequeñas, podemos pensar que no necesitamos prestarles atención. DIOS no quiere que su pueblo esté ignorante ante los mecanismos del diablo. DIOS dice que: "*Mi pueblo perece por falta de conocimiento...*" (Oseas 4:6). La palabra "perece" significa que muere, que se daña o que es destruido. DIOS quiere que estés pendiente de aquellas pequeñas cosas que pueden detener tu caminar con ÉL. Déjame darte algunos ejemplos de lo que estas "pequeñas zorras" pueden ser:

- *Compromiso*: Esto es cuando haces un acuerdo por menos de lo correcto o por algo contrario a lo que DIOS quiere, o cuando te entregas a los deseos de la carne o lo que otras personas quieren y no a lo que DIOS quiere. Esto es negociar con DIOS.

He aquí algunos ejemplos de *compromiso o negociar*:

- Cuando vas a una tienda y recibes el cambio incorrecto y te convences a ti mismo de que es correcto quedártelo.
- Cuando sabes que no debes de estar en un lugar oscuro, con una persona del sexo opuesto y lo haces. Esto puede resultar en fornicación o adulterio.
- Cuando escuchas música que puede traer porquerías a tu espíritu o miras una película que muestra basura y, aun así, no te importa.
- La forma en que vistes puede ser ofensiva a DIOS y a la gente que te rodea, y aun así lo haces.
- Cuando mientes o haces trampas en tu declaración de impuestos ("taxes"); en un examen o en alguna tarea.
- Cuando robas de tu compañía bolígrafos; lápices; papel; cuando tomas más tiempo en tu hora de almuerzo o cuando estas atendiendo una llamada personal en el teléfono.

¿A quién le importa lo que tu estas haciendo en tu iglesia o en tu círculo? Cuando todo está dicho y hecho, todos tendremos que rendirle cuentas a DIOS de nuestras acciones. Mucho cuidado en lo que te envuelves.

Déjame hacer una pausa aquí, para todos aquellos que se encuentren pasando un momento difícil y se sienten como un gusano. Puedes haberte alejado de DIOS, debido a tu compañero(a), o a los amigos y, por ende, te sientes miserable. Estos pueden ser ídolos en tu vida. Poco a poco, has *comprometido* tu relación con DIOS. ¡Regresa a casa! Regresa con tu Padre (DIOS). Ahí donde estas, baja la cabeza. Si estas en tu trabajo, toma un descanso. Dilo abiertamente y deja que DIOS sepa que estas arrepentido y que quieres volver a hacer "negocios con El" nuevamente. No hay nada mejor que una oración sincera, que salga del corazón.

- ***Mentiritas blancas***: Hay mentiras que parecen ser inofensivas. He aquí un ejemplo: llegaste tarde al trabajo; entonces coges el teléfono y desordenas tu escritorio, haciendo parecer que has estado en el trabajo por un largo rato. Esto se llama engaño, no importa cuan inofensivo se vea. Por cierto, si constantemente llegas tarde a citas, a los lugares o a tu trabajo, esto no es ético para alguien que se supone que sea el representante de CRISTO JESÚS. Esto también puede ser una "pequeña zorra". Esto no permitirá que mantengas ciertos trabajos y podría darte una muy mala reputación. Podría también considerarse como una falta de respeto o desconsideración hacia aquellos que esperan por ti.

Otro ejemplo de mentiras blancas es cuando dices sólo la mitad de la historia y dejas una parte para protegerte a ti mismo o para esconder algo. La exageración en cuando "extiendes" la verdad un poco o mucho, para hacerte lucir bien, para que la gente sienta pena por ti o para conseguir lo que quieres en ese momento.

Hay algunos hombres que mienten cuando dicen que se les calló el teléfono celular en el "toilet" y que por eso no han podido llamar a su novia. ¿Qué de aquellos que cuando alguien los llama por teléfono, les dicen a sus esposos(as) o a sus padres o a sus hijos, que no se encuentran? Otra sería cuando estas en el teléfono y estas haciendo muecas, gestos y caras sobre la otra persona que está en la línea. Eso podría definirse como hipocresía, que en griego significa "actuar o ejecutar un papel". ¡Quítate la máscara y revela tu verdadero yo!

¿Qué de aquellas personas que tienen esqueletos guardados en los armarios - secretos? He conocido varias personas que, por las razones que sean, como el miedo; no han revelado algo de ellos(as).

Cuando comencé a escribir este libro, el enemigo comenzó a jugar con mi cabeza recordándome a personas de mi pasado o a miembros de mi familia que descubrieron cosas de mi vida que yo no quería que supieran. No obstante, mientras más oraba, más sabía que DIOS quería que me enfrentara a mis miedos y a mi pasado, de manera que pudiera continuar adelante con mi vida y así poder ayudar a muchos otros.

Soy madre de nueve niños (dos en el cielo y siete en la tierra). Mi primogénito (primer hijo) fue fuera del matrimonio y los otros son de mi actual esposo. Menciono esto para decir que el padre de mi primer hijo, nunca reconoció que era de él; nunca le dio el apellido. De hecho, mi hijo nunca lo ha conocido. Cuando estábamos saliendo, nunca me dijo que era casado. Pero descubrí, después de mi segundo mes de embarazo, que su esposa había quedado embarazada algunos meses antes que yo. Fue a través de este embarazo, que di mi vida a Cristo.

Había hablado con él varias veces, sobre el hecho de que reconociera a su hijo y porque no había enfrentado la situación. La excusa que me daba era que él nunca podría decirle a su esposa el error que había cometido. ¡Hablando de esqueletos en el armario...! Lo dejé en las manos de DIOS, porque a su debido tiempo, pasará lo que tenga que pasar. Ciertamente lo he perdonado y oro por misericordia para él, porque DIOS nunca deja las cosas incompletas o sin terminar. Muy pronto será el tiempo de que mi hijo recupere lo que el enemigo trató de robarle.

Otros esqueletos pueden incluir a las personas que tratan de ocultarse bajo una identidad falsa; las mujeres que se esconden en la oscuridad porque se avergüenzan o tienen algo que esconder; las personas que mienten acerca de sus talento o habilidades; las personas que les gusta el juego o tienen algún tipo de adicción; alguien que haya mentido diciendo que es virgen antes de llegar al matrimonio y no lo es; el secreto de que tu hijo es adoptado y aun no lo sabe; un aborto que te hayas provocado y no se lo has dicho al papá de la criatura; y así podría seguir y seguir.

Sólo te puedo decir que mientras más tardes en dejar salir esos esqueletos, peor será. Mientras tengas secretos, el diablo continuará "jugando" contigo, utilizando esos esqueletos. Los miedos y las decepciones tomarán control de tu vida. Puede que sea difícil revelar el secreto en el momento. Puede que tenga consecuencias, pero ten por seguro que te sentirás mejor en el interior. En lugar de ser una marioneta en las manos del enemigo, serás libre.

- *Pereza y demoras*: Cuando "aplazas", estás demorando lo que podría ser tu verdadero destino. Estás continuamente eliminando lo que DIOS tiene para ti y para otros a través de ti. Esto puede venir de ser egoísta o de tener miedo. De cualquier manera, es un retraso en lo que hay para ti en el momento. Entiende que nunca más tendrás este día en el resto de tu vida. Hoy es el día en que se supone que ocurra.

Algunas veces DIOS y su infinita misericordia, nos permite otra oportunidad –algunas veces, varias oportunidades. Pero ten por seguro que nunca sabrás lo que hubiese pasado, si lo hubieras hecho.

¿Qué puede causar que "aplaces" las cosas? ¿Podría ser vagancia? Limpiar la casa no es una de mis tareas favoritas, pero tengo que hacerlo. Así que ¿qué tu crees que hago cuando llega el momento de hacerlo? ¡Adivinaste! Trato de retrasarlo lo más que puedo, pero entonces el polvo se acumula, las cosas se siguen acumulando y antes de que te des cuenta, el trabajo se hace más difícil. Lo que pudo haberte tomado un día, luego te tomará dos días o más. ¿Y qué de hacer ejercicios? Muchas veces nos ponemos perezosos (vagos) y no hacemos ejercicio. A largo plazo, nos costará más. Escribir un libro toma tiempo y no es entretenido. Muchas veces quería estar en la piscina en lugar de estar escribiendo en la computadora, pero tengo que recordar: "Señor, que no sea mi voluntad, sino la tuya". Muriendo a los deseos de la carne y a la vagancia, es como la gente llega lejos.

La Biblia dice que si eres una persona perezosa (vaga), nunca tendrás nada. En Proverbios 31, la Biblia clasifica a la mujer como una virtuosa por dos razones: una es por el temor al Señor, que no es un temor malo, sino respeto y reverencia; y la otra es el trabajo y empeño que pone en todo lo que hace. Si estudias este pasaje, veras que ella poseía tierras, tenía su propio negocio, un esposo a quien cuidar y niños por quien velar. El punto aquí es que hay que dejar de ser vago y de aplazar las cosas, de lo contrario nunca obtendrás lo que DIOS tiene para ti o lo que quieres para ti mismo(a).

- *Holgazanería* (vacío, inactividad, pereza): Si eres un soñador y pasas mucho tiempo mirando por la ventana, andando deprimido o teniendo conversaciones triviales; sólo estas perdiendo tu tiempo. Esto deja espacio para que tu mente divague y este tipo de mentalidad crea un nido para que diablo tenga su "parque de diversiones". Si no tienes la mentalidad correcta, buscas de la Palabra de DIOS y te mantienes ocupado(a), puedes darle al enemigo la oportunidad para provocar insinuaciones, instigarte y darte mensajes subliminales, como en el poder de la sugestión y mucho más. Trata de mantener tu mente llena de buenos pensamientos todo el tiempo. Si la dejas en blanco o en "neutro" por mucho tiempo, puede ser peligroso. Las meditaciones de la nueva era (donde dejas tu mente en blanco por un tiempo), le da tiempo al diablo para hacer sus actividades. La mente es el campo de batalla de Satanás; ¡protégela con todo lo que tengas! Tu forma de pensar debe ser como el de una persona positiva. Aún si no lo sientes, debes mantenerte enfocado, porque de lo contrario, esto es lo que puede llevar a una persona entrar en un estado mental de depresión o incluso, a un colapso nervioso. La mente tiene que ser protegida por confesiones positivas y con la Palabra de DIOS.

- *Hipnosis*: Es igual de peligrosa, porque permite el control de la mente (control del alma), lo que es una forma de hechicería. Te pido que estudies esto desde una perspectiva divina y que veas por ti mismo, cuan peligrosa puede ser. Muchas personas utilizan el hipnotismo para curar hábitos, tratar con el pasado o para soñar. No obstante, esto sólo es un alivio temporero y que puede traerte demonios a tu alma, a tu vida. Recuerda que las Escrituras dicen: "Mi pueblo es destruido por falta de conocimiento..." (Oseas 4:6, NVIA)

- *Burlas o espíritu de crítica*: Cuando eres un burlón y te gusta criticar a los demás, esto puede significar que hay algo en ti que no esta bien. Algunas veces los comediantes toman ventaja de esto. Algunas veces puedes estar burlándote de otra persona sin que esta lo sepa, pero ¿no crees que DIOS lo sabe? Puede que no estés haciéndole daño a esa persona directamente, pero puedes estar tocando algo que es muy querido por DIOS. ¿Alguna vez te has detenido a pensar como se siente DIOS acerca de esto? ¿Por qué te burlas o criticas? ¿Alguna vez te has hecho esta pregunta? ¿De donde proviene esto? ¿Cuál es la verdadera raíz? Puede que tú no seas el que te burlas, pero si te unes a los otros en la risa y el ridículo, eres un cómplice, que es igual de malo.

- *Juzgar*: Cuando juzgas a otros, ten cuidado de no estar pasando juicio sobre ti mismo. Al menos, esto es lo que la Palabra de DIOS dice en Mateo 7:1-5. Muchas veces he sido juzgada basado en mi carácter fuerte. No obstante, nadie sabe realmente la persona sensible que verdaderamente puedo ser. Tendemos a juzgar sin realizar lo que la persona siente o está pasando. Déjame darte un ejemplo: en una ocasión, viajé en mi vehículo alrededor de

45 minutos para reunirme con un grupo de damas extranjeras, que se habían unido para un retiro. Había querido hacer una cena sorpresa para dos individuos –una era para un cumpleaños y la otra para una graduación. Decidí cambiar los días de las actividades para ese mismo día, porque una de las personas no podía asistir en otro momento debido a su trabajo. Tomando en consideración a todos en grupo, incluyendo a mi esposo y a mis hijos, tendría que manejar 45 minutos de regreso hasta mi casa para recogerlos y luego manejar 45 minutos más de regreso para encontrarme con los demás para cenar. Mi esposo me comentó que algo estaba mal con su vehículo, así que tendría que manejar muy despacio para que él me pudiera seguir. Esto de por sí, representaba una preocupación para mi porque no sabíamos si el vehículo iba a llegar. No podía llevarlo en el mío, porque no regresaría debido al retiro, sin dejar de mencionar que seis de nuestros hijos andaban con nosotros. Finalmente, llegamos al restaurante y el anfitrión nos informó que el restaurante cerraba en una hora. Mi mente comenzó a correr y lo único que pensaba era en todo por lo que había pasado para poder estar sentada sólo una hora, mientras tratábamos de celebrar con personas que eran de otra parte, así como para entregarles una placa. Entonces le pregunté si nos podíamos sentar en uno de sus salones especiales y me lo negaron porque estaban limpiando.

Para este momento, la adrenalina me estaba corriendo rápidamente por el cuerpo y en lo único que podía pensar era en lo hambrienta, cansada y frustrada que estaba con toda la situación. Después de todo, sólo soy humana. Sobre-reaccioné. Hablé con el gerente para tratar de explicarle la situación, pero no para aprovecharme de la situación. Me quería ir a otro restaurante, pero todos estaban hambrientos y nadie se quería ir. Decidí quedarme, pero enojada, resoplando en la mesa y quejándome con todo el mundo. No obstante, debo confesar que fue sólo cuestión de minutos antes de que me pasara el coraje y continuárnos con la celebración de la noche. Todo el mundo me comentó que lo habían pasado de maravilla.

Después de haber tratado de complacer a todo el mundo, me acusaron. Meses después, una de las mujeres (que casi no me conocía), me escribió un correo electrónico insultándome y diciéndome que mi sobre-reacción no era de DIOS. También mencionó otras cosas que estaban completamente fuera de lugar, y me dejo pensando qué había hecho mal, excepto por el hecho de que debí guardármelo y dejarme ir con la corriente. Esta persona pensó de forma limitada y no vio toda la situación. Todo mi carácter, mi personalidad y mi cristiandad fueron juzgados debido a mi reacción y no a los hechos.

Esta no es la primera vez que las personas me juzgan, basándose en mis reacciones y no en mi corazón. Las personas mal interpretan una situación y la convierten en montañas, especialmente si los va a beneficiar en alguna forma. No obstante, mientras no vivas en mi mundo y no estés en mis zapatos, no podrás entender ni la mitad de lo que hago. Esto sin mencionar las luchas, el ministerio y aun la carne que se levanta en contra de nosotros de vez en cuando.

Así que la próxima vez que vayas a juzgar o a acusar a alguien, ten bien seguro que tienes la aprobación de DIOS antes de hacerlo. Esta seguro(a) de que entiendes toda la situación.

Toda historia tiene dos lados, así que a menos que no conozcas ambos lados, no puedes juzgar.

Tu no eres perfecto, así que ten mucho cuidado de como hablas de uno de los hijos de DIOS. Algunas escrituras que puedes leer relacionadas a este tema son: Romanos, capítulos 2 y 14; Mateo 7:1-6; Lucas 7:36-47 y Juan 8:1-11.

- *Malas palabras*: "De la abundancia del corazón, la boca habla" (Mateo 12:34). ¿Qué hay en tu corazón para que malas palabras salgan de tus labios? Estas palabras son consideradas como sucias. ¿Podrá haber un espíritu sucio dentro de ti? ¿Hay alguna raíz de enojo? ¿Por qué las malas palabras? ¿Te has rodeado de este tipo de lenguaje? ¿Cómo le hablas a JESÚS? ¡ÉL es Santo y por ende, tenemos que convertirnos en santos! ¡No dejes de preguntarle a ÉL! ¡No renuncies! Mantente caminando y avanzando en JESÚS y eventualmente ÉL te enseñará cómo y te dará la victoria. Tú eres un conquistador en Cristo.

- *Malas actitudes*: ¿De dónde proviene esto? Esto no satisface a DIOS. La manera en que trates a las personas te traerá una cosecha a ti. Observa que tipo de semillas estás plantando. Piensas que te puedes salir con la tuya porque has vivido de esta manera toda tu vida. Bueno, ¡es hora de cambiar! DIOS no podrá bendecirte y ÉL no está muy a gusto con eso. Esto puede traerte malas consecuencias. Déjalas en el altar. ¡Ríndelas…!

- *Egoísmo*: Si eres egoísta, eres un interesado en lugar de un donante. Continuamente le estas quitando a otros, en lugar de darles. Cuando tienes conversaciones con otras personas, ¿cuál es el tópico principal? ¿Te preocupas por escuchar lo que otros tienen que decir de ellos mismos? ¿Te preocupan sus deseos, sus gustos o lo que no les gusta? Algunos de ustedes están tan llenos de dolor, que están dispuestos a eliminar a alguien o a destruir lo que tienen, sea el trabajo, la esposa(o), el ministerio, la reputación o cualquier otra cosa para tu propia satisfacción.

¿Cuándo fue la última vez que pasaste un rato agradable con tu esposa(o)? ¿Has hecho el tiempo para salir en una cita con alguien? Algunas personas están dispuestas a poner a sus propios hijos en la línea de fuego, sólo para su propia indulgencia. Algunos padres continúan alejando a sus hijos diciendo "¡en este momento, no!"; o "¡no tengo tiempo para ti…!", todo por ese proyecto importante que parece que nunca termina, viajes, carreras o simplemente, cerrando la puerta de tu cuarto para escapar. ¿Por qué? ¿Cuándo piensas que podrás tener tiempo para ellos? ¿Quizás cuando tu hija salga embarazada siendo adolescente o cuando a tu hijo lo atrape la policía? O simplemente ¿cuándo se muden y hagan sus propias vidas y no regresen ni siquiera para decir hola?

Cambiemos eso ¿Qué de los hijos y las hijas? ¿Cuándo fue la última vez que fuiste a visitar a tus padres y le mostraste interés por algo que querían decirte o hacer? DIOS dice que honres a tus padres, no importa lo que sea, entonces tendrás una larga vida y todo irá bien contigo (Deuteronomio 5:16).

¿Cuándo fue la última vez que hiciste algo para alguien sin pensar en ti mismo(a)? Hay mucho más en dar que en recibir. Aun cuando piensas que estás sembrando una semilla de bondad, si lo estás haciendo porque *estás esperando* algo a cambio, entonces lo estás haciendo por el motivo equivocado. El *verdadero amor* se da sin esperar nada a cambio. El *amor* debe ser la base de nuestras vidas y de nuestros ministerios. El *amor* no es egoísta.

- *Berrinches*: Si un niño forma un berrinche cada vez que no puede obtener algo que quiere y tú permites que esto suceda; o terminas dándole lo que quiere, sólo por el hecho de que no quieres lidiar con la situación, estás mal criando a ese niño. Tarde o temprano el niño te controlará y crecerá tratando de controlar todo y a todos. ¿Y qué de ti? ¿Cómo respondes cuando no consigues lo que quieres? ¿Eres flexible? ¿Te da coraje fácilmente? ¿Haces un berrinche para manipular la situación y conseguir lo que quieres? ¿De dónde proviene esto? ¡Definitivamente, este comportamiento no es divino y es tiempo de que lo dejes ir...¡

- *Lástima*: ¡Hay de mi...! ¿Por qué yo? ¡A nadie le importa! ¡Nadie me entiende! Todo lo que haces es quejarte y lamentarte. Todo lo que puedes hacer en sentir lástima de ti. A nadie le gusta estar alrededor de personas así. Tal vez por un tiempo, las personas te toleren, pero sólo será cuestión de tiempo para que te quedes sólo. DIOS quiere que comiences a verte a ti mismo(a) a través de Sus ojos. En Sus ojos, tú estás hecho de muchos regalos hermosos (virtudes). Eres precioso.

DIOS te ha perdonado con el objetivo de que dejes de castigarte a ti mismo(a). Cuando nadie te entiende o se preocupa, JESÚS se preocupa. No puedes seguir adelante, si continúas mirando hacia atrás. ¡Déjalo ir...! Sé que no es fácil, pero si no pones de tu parte y tratas con todas tus fuerzas, puede que te tome más tiempo del que deseas que tome. Deja de utilizar la lástima para manipular y hacer que otros te presten atención. La lástima no es la solución al problema.

- *No mires hacia atrás*: A través de todo el libro, has leído acerca de avanzar en el Reino de DIOS. Una persona no puede continuar adelante y avanzando, mientras esté mirando hacia atrás, de otra manera, está destinado a tropezar con algo, y ese algo puede lastimarlo mortalmente o lo suficiente como para que le deje un moretón. Hay una Escritura que dice, "Cualquiera que comience un arado y continúe mirando hacia atrás; no es apto para entrar en el Reino de DIOS" (Lucas 9:62 VAI). Realmente, estamos hablando de mantenerte en tu pasado.

Algunos de ustedes quieren continuar adelante, pero están constantemente reviviendo los momentos de años anteriores. Algunas veces es bueno recordar los eventos en nuestras vidas. No obstante, si son momentos dolorosos, que nos causaron miedo, lujuriosos o tienen lazos emocionales, entonces no los puedes llevar contigo, a donde vas. La clave aquí es llegar a tu destino, pero sin el equipaje. Como el evento en la Biblia sobre la esposa de Lot, quien mientras estaba tratando de escapar de la destrucción de Sodoma y Gomorra, DIOS les dijo que no miraran hacia atrás, pero ella miró. ¿Porqué tú crees que ella miró? Probablemente por que ese era su pueblo natal y eso era lo que ella conocía mientras creció. Hasta ese momento, todo lo que ella había conocido, le había sido arrebatado, esto tuvo que ser muy doloroso. Quizás, ella tenía lazos del alma; no obstante, tuvo que hacer una decisión muy seria de sumisión y confianza total en el Señor. Cuando ella decidió mirar hacia atrás, DIOS no tuvo otra alternativa que mantener su Palabra, en lo que ÉL es muy bueno. ÉL la convirtió en una estatua de sal (Génesis 19:26).

¡Déjalo ir, suéltalo! No te aferres a cosas o gente que Dios te esta diciendo que sueltes.

Lo mismo pasó con Lot y Abraham. Después de un tiempo, cada uno tenía que tomar rumbos distintos, a pesar de que eran familia (Génesis 13). ¿Qué es lo que estás mirando atrás? ¿A qué o a quien te estás aferrando y porqué? Algunas veces, DIOS quiere bendecirte, pero no lo puede hacer hasta que no dejas ir eso que tienes agarrado. Puede que también estés recordando constantemente lo malo que eras y parece que no puedes salir de tu pasado. Pídele ayuda a DIOS. Cree que ÉL te ha perdonado. Ten por seguro que ÉL te ama y te acepta tal y como eres. ¡Suéltalo…!

-La obediencia es mejor que el sacrificio: Obedecer a ciertas cosas puede traernos grandes recompensas. Obedece la ley del hombre en las pequeñas cosas como ponerte el cinturón de seguridad, es tan importante ante los ojos de DIOS, como obedecer Sus leyes. Hace algunos años, yo odiaba ponerme el cinturón de seguridad. Recuerdo que me había montado en el auto para conducir y la voz de DIOS me habló tan fuerte que lo único que

recuerdo que ÉL me dijo fue "ponte el cinturón de seguridad". Bueno, sabía que era DIOS, pero aun así, me negué a ponerme el cinturón de seguridad (esto fue rebelión de una forma muy sutil). Continué manejando por el pueblo, haciendo mis diligencias y volví a escuchar la voz de DIOS. Traté de opacar el sonido de Su Voz poniéndome a cantar fuertemente, porque yo odiaba el cinturón de seguridad (Yo siento que el cinturón de seguridad me hace sentir como atrapada –esto probablemente viene del abuso que sufrí en el pasado). Finalmente, escuché la voz de DIOS por tercera vez: "ponte el cinturón de seguridad". Lo ignoré totalmente. No estaba al tanto de las consecuencias que me podía traer. Estaba lista para hacer un viraje cuando de la nada, salió otro auto a gran velocidad y me pegó en el para-choques ("bumper") de mi van y lo sacó todo de lugar.

La policía vino inmediatamente y lo primero que me preguntó fue: "señora, ¿tenía su cinturón de seguridad puesto?

Yo era cristiana, así que no podía mentirle. Comencé a tartamudear y yo sabía que tenía que rendirme a la verdad. "N... no... no oficial". Así que terminé con una multa bien alta ese día y un para-choques averiado. Gracias a DIOS que no pasó nada más. Aprendí una lección muy valiosa: cuando DIOS dice obedece. A veces ÉL busca nuestro propio bien, porque de otra manera habrían puertas abiertas que el enemigo podría utilizar para tratar de matarnos, robarnos o destruirnos con ellas. Si no a nosotros, entonces el lo tratara con nuestra semilla (hijos).

-*El diezmo y las ofrendas*: Yo sé que muchas iglesias y evangelistas de televisión han tomado ventaja del dinero y las enseñanzas de prosperidad. Es triste decirlo pero han habido pastores que han *desangrado* sus congregaciones para su propia ganancia y se han olvidado de cual es el propósito de todo. No saben que hacer con una baja asistencia, que produce pocas ofrendas o, DIOS no lo quiera, que sus diezmarios fuertes se vayan permanentemente. Ellos tienen que recordar que DIOS es la verdadera fuente, no la gente que asiste o da el diezmo. Desafortunadamente, se han olvidado del verdadero propósito de su llamado a la congregación y de su jefe (DIOS). Han perdido su visión y el temor a DIOS.

El enemigo tratará siempre de pervertir algo que DIOS ha creado para nuestro bien y para los negocios del Reino, como el sexo, la música y las riquezas. No obstante, el diezmo y las ofrendas continúan siendo principios bíblicos. Sigue siendo algo que es ley. Les explicaré esto en breve. De acuerdo a Malaquías 3:6-18, le estamos robando a DIOS, si no traemos nuestro diezmo al almacén, que es lo mismo que decir el 10% de nuestro ingreso bruto; nuestros primeros frutos, no lo que nos sobra. Diezmar es un convenio entre tú y DIOS. Entiende que en este pasaje es el único lugar donde DIOS dice: *"Pruébame en esto y Yo abriré las puertas del cielo y derramaré abundancia sobre ti"*. Si no eres un diezmador, lo más seguro es que estés haciendo lo mínimo; seguramente estas viviendo de cheque en cheque. Ahora, no me malinterpretes, si eres un diezmador y continuas viviendo de cheque en cheque, entonces debes esperar a que DIOS te enseñe sobre finanzas o puede ser que ÉL este esperando para ajustar otras cosas en tu vida. Puede que esté probando tu fe y mostrándote que tu lugar de trabajo no es la verdadera fuente, sino ÉL. Recuerda, si no eres un diezmador, puedes estar trayendo una maldición sobre ti.

La ofrenda es distinta al diezmo. La ofrenda es dinero o algo de valor que DIOS está pidiéndote, además del diezmo. Puede ser joyería, dinero, comida, un auto, una casa o cualquier cosa que sea de mucho valor para ti, tal y como ÉL le pidió a Abraham que ofrendara a Isaac (Génesis 22). No creo que DIOS quisiera un sacrificio humano. Creo que DIOS estaba lidiando con el corazón de Abraham y reposicionando sus prioridades. DIOS debe siempre ser primero en nuestras vidas. Nada ni nadie deben nunca tomar Su lugar.

El diezmo va a la iglesia que te está alimentando (cuidando tu corazón, tu alma y tu cuerpo). Después de todo, la iglesia debe realmente, cuidar a sus ovejas, no sólo de una manera espiritual, sino de una manera tangible. La ofrenda no sólo se debe dar por compasión, sino más por obediencia. No siempre tienes que sentirte *obligado(a)* a cumplir con una necesidad si DIOS no te dice que lo hagas, y solamente DIOS sabe por qué. De otra manera, tendríamos que cumplir con todas las necesidades de nuestra comunidad. Ni siquiera JESÚS cubrió todas las necesidades a Su alrededor. Es importante que si ÉL te dice que lo hagas, que respondas rápidamente. Algunas cosas son obvias como una persona sin hogar que necesita comida o una madre soltera que necesite alimentos. Aprende a ser sensible. Si eres tacaño, codicioso o vives con miedo financiero, la probabilidad es que DIOS comience a pedirte más de tu bolsillo, sólo porque ÉL quiere enseñarte y aumentar tu fe (Lucas 18:18-30).

- **Pobreza mental**: La pobreza de la mente puede ser una maldición generacional. Puede ser diabólica. Este tipo de mentalidad no permitirá que te veas a ti mismo prosperando. No puedes verte a ti mismo teniendo el negocio que siempre has querido. No podrás visitar nunca el lugar que siempre has querido visitar u obtener la promoción que te mereces. Este tipo de mentalidad hará que confieses una y otra vez, que no puedes tener nada. Aunque la realidad sea que no lo puedes tener en este momento, no significa que DIOS no te llevará a un momento donde puedas tenerlo. De todas formas, esta mentalidad no sólo es para las finanzas; es una mentalidad de falta en muchas áreas, especialmente la falta de *conocimiento*.

Conozco personas que no pueden encontrar un apartamento, simplemente porque su crédito es muy malo. Les digo que si llaman a sus acreedores y les dices que le pagarás en pequeñas cantidades aquí y allá, es mejor que si los dejas que se atrasen. Esta es una manera pequeña de hacer arreglos con DIOS primero y luego, arreglar tu situación, aunque signifique tomar pasos de bebé. Piensa en cuanto tiempo has perdido con el sólo hecho de pensarlo y no actuar. ¿Cuanto tiempo más vas a perder?

Eres más diligente comprando un boleto para la lotería, que llegando a tiempo a tu trabajo o siendo productivo en tu trabajo. Puedes ganar un millón de dólares hoy, pero si tienes una mentalidad pobre, puedes perder ese dinero rápida y tontamente.

Una mentalidad pobre no tiene que ver con cuanto dinero tu tienes, pero si con lo que haces con el. Ser un buen gerente con tu dinero es importante para ti, tus hijos, tu futuro y para los negocios del Reino. Después de todo, todo pertenece a DIOS, y somos sólo sus administradores. ¿Cómo vamos a manejar Sus finanzas? Piénsalo: si estás a punto de perder tu trabajo debido a un accidente, ¿qué harías? Si tienes una mentalidad pobre, lo más seguro es que te asustes y te preocupes. Pero si sabes que has invertido sabiamente y que tu dependencia es en DIOS, esto hace un mundo de diferencia. Una mentalidad pobre es cuando tienes un pequeño dolor de espaldas y comienzas a recibir el seguro social, permitiendo que te clasifiquen como discapacitado, por un buen espacio de estacionamiento y un pequeño cheque mensual en el correo. No me mal interpretes, si realmente estas discapacitado, entonces ve por el. Ahora, he conocido personas que le han mentido al seguro social diciendo que tienen niños mentalmente discapacitados, sólo para recibir un cheque en el correo. Esos mismos niños me han comentado que están cansados de vivir esa mentira, pretendiendo estar enfermos, cuando van a las clínicas de salud mental a hacerse ciertos exámenes. He hablado con algunos de estos niños por horas y estoy muy convencida de que son muy inteligentes. ¿Clasificarías a tu niño como demente, sólo para recibir un cheque por correo?

Este tipo de mentalidad te permite sacar a la gente del medio para obtener algo que ha sido dado de *gratis*, o robar el Cable TV de tu vecino o más aun, gastar, gastar y gastar, sólo porque tienes que tenerlo ahora.

Este tipo de mentalidad te permitirá perder tu integridad y la buena moral. Es un estado mental que es: barato, tacaño, codicioso, miedoso y desesperante. Pídele a DIOS que te perdone y que te de sabiduría. Lee más la Biblia, confiesa palabras positivas sobre tu situación y deja que ÉL elimine esas situaciones de raíz.

Crecí en una casa donde mi mamá recibía asistencia social. Casi nunca tenía dinero para comprarnos algo. Como la mayor de cuatro hermanos, no quería vivir mi vida de esta manera en el futuro. Entonces comencé a buscar alternativas para poder estudiar. Trabajé en trabajos extraños. Le hice muchas preguntas a personas dueños de negocio y así por el estilo. Entonces conocí a Jesucristo muy personalmente y comencé a pedirle a ÉL que me sacara de este círculo. Ahora tengo cosas que jamás pensé que iba a tener, incluyendo *sabiduría* y un *corazón dador*, porque me atreví a creer que la Palabra de DIOS transformaría mi mente y mi estilo de vida. Creer va de la mano con la obediencia.

Deja que DIOS ponga tu vida y tu casa en orden y el resto fluirá. La Biblia dice: *"Deléitate en el Señor y ÉL dará los deseos al corazón"* (Salmos 37:4, NVIA). Los deseos de tu corazón, deben ser los deseos de Su corazón. ÉL no te dará algo, sólo porque piensa que será bueno para ti; ÉL sabe más y ÉL conoce el futuro. *Decide* liberarte de esa pobreza mental. Deleitarte a ti mismo, significa satisfacerte grandemente; tener un gran placer; regocijarse especialmente con sentimientos o expresiones de triunfo. Respira, come y vive para DIOS, disfrútalo a ÉL y observa como ÉL cambia tu vida y tus circunstancias.

-***Prostituirte*** no es sólo sexual. Aun como el dueño de un negocio, harás todo lo posible para que tu negocio florezca: vender cosas como condones, cigarrillos, alcohol, ídolos o mintiendo, o hacer trampas, robar, coquetear o adular sólo por el hecho de hacer dinero u obtener poder. ¿Qué crees que DIOS piensa de esto?

- ***Prejuicios***: Yo creo que hay cientos de maneras y formas en la que uno puede ser prejuiciado. Pueden ser raciales, religiosos, políticos, por el estatus económico entre muchos otros. Conozco gente que no defiende lo que es correcto debido al prejuicio. Un ejemplo podría ser alguien que se va del lado de una persona, a pesar de que esté equivocado, sólo por el hecho de defender su raza. Sé que, aun en el marco político, uno puede unir fuerzas con cierto gobierno debido a los horribles "dragones" que pueden tener. Algunos de estos incluyen a los seguidores de Hitler y el Holocausto, el mal que tuvo lugar durante el Movimiento por Derechos Civiles o la persecución de los cristianos en otros países. Aun las iglesias se ponen en contra unas de otras, debido a los diferentes puntos de vista en las denominaciones o doctrinas. Creo que los principios de segregación existen y vienen acompañados de odio, asesinatos, violencia, burlas, ridículos, esclavitud, control y mucho, mucho más. Ten cuidado de no estar operando bajo este espíritu.

-***Días festivos***: Muchos cristianos celebran festividades y días de fiesta que son paganos o satánicos, como el día de Halloween o el día de Pascuas con el conejo. Primero que todo, ¿cuál es el origen del día de Pascuas? ¿Qué tienen que ver los huevos y los conejos con la Pascua? Además, el origen de Halloween es bien diabólico. Ex-satánicos te dirán que las mujeres vírgenes perdían su virginidad con los sacerdotes satánicos para conseguir más poder y aun se sacrifican animales durante este día, sin mencionar otras cosas que suceden. Puedes decir que tú no participas porque tus hijos sólo recogen dulces de las tiendas por departamentos y nada más. No obstante, estás comprometiendo y enseñando a tus hijos a que lo hagan. Satánico es satánico aunque luzca tierno e inofensivo.

-*Lutos/penas y lamentos*: creo que es normal que haya un tiempo de penas y lamentos por la muerte o separación de aquellos a quienes queremos. No obstante, creo que hay personas que están sufriendo o pasando por depresiones y amarguras porque no lo pueden dejar ir. Esto también puede ser diabólico. No estoy hablando de un año o algo así; estoy hablando de aquellas personas que están años sufriendo por una pérdida. Esto no es normal. Por supuesto, no espero que te olvides de aquellos que amaste y las memorias siempre estarán ahí, pero de lo que estoy hablando es de aquello que te ata, aquello que te atormenta, aquello que no permite que continúes moviéndote hacia adelante y de aquello que no permite que te rías desde adentro. Les recomiendo a todos ustedes que realmente hablen con una persona devota y honesta acerca de esto y observa como el Espíritu Santo te guiará a ti y a ellos. Necesitas hacerte libre. Tienes que *querer* para dejarlo ir. Recuerda que tu deseo, es en el reino de tu alma y un "duelo" como este, puede ser un lazo no-divino para tu alma.

-*Silencio y aislamiento*: Las mujeres tienden a comunicar su dolor y sus emociones más rápido que los hombres. Se que los hombres tienden a callarse las cosas más, y esto puede ser muy dañino para la salud. El silencio y el aislamiento, son exactamente los lugares donde el diablo quiere que estés. El pone todas estas ideas en la mente acerca de como la gente te ve; como tu esposa te dejará si averigua las cosas; cómo siendo líder de tu iglesia se supone que seas de esta o de aquella manera, y así por el estilo. Todo esto son mentiras. Recuerda, no podemos exponernos nosotros mismos a todo el mundo, pero sí debemos tener un poco de responsabilidad. Necesitamos una o dos personas con las que realmente podamos hablar. Tenemos que ser claros y hablar. Busca un consejero cristiano o un grupo de apoyo. Si alguien comienza a hablar en contra tuya, porque decidiste hablar, entonces deja que DIOS lidie con ellos. Piénsalo; al menos vas a sentirte más libre si hablas, que si te lo callas. ¿A quien le importa lo que otros piensen? Es por tu propia libertad que necesitas hacer esto. ¡Es para ti...!

Conozco hombres que tienen tanto coraje por cosas que le ocurrieron en su niñez y que nunca las dijeron, como por ejemplo: ser molestado en la escuela, ser sexualmente molestados, ser falsamente acusados por un maestro, ser despedidos injustamente o tener novia tras novia y que los hayan dejado sin razón aparente. ¿Qué de haber visto a tu padre morir en tus brazos o tener un padre que te golpea brutalmente a diario? Es más sencillo que un hombre exprese coraje, que expresar debilidad o dolor.

Vuelve nuevamente a ese momento de dolor y busca a alguien de tu mismo sexo con quien puedas hablar. Sexos opuestos no son aceptables, porque puede ser emocionalmente peligroso. Especialmente si eres casado(a), puede que te atraiga o te ates a esa persona y, antes de lo que te imaginas, puede haber una relación. A menos, por supuesto, que esa persona sea mayor que tú o este en una posición de consejero, donde pueda ser responsable de sus actos.

¡Habla...!, ¡habla...!, ¡habla...!; ¡llora...!, ¡llora...!, ¡llora...! Si continuas aguantando, puedes explotar un día y de la manera incorrecta, con las personas incorrectas. Si te sigues aguantando, te vas a seguir deteriorando, porque esto es como una muerte lenta. No te olvides que el perdón es la clave.

Si fracasas varias veces en algo, no significa que eres un fracasado, sólo significa que tú, al igual que todos nosotros, tienes debilidades y ten han hecho caer rápidamente. ¡Dale gracias a DIOS por Su poder de restauración! No estás sólo. Vas a encontrar que hay muchos en tus zapatos. No importa cuan malo sea; por favor; encuentra a alguien que realmente pueda ayudarte. No mueras en silencio.

Puedo seguir y seguir con las pequeñas zorras que pueden dañarte. Queda de ti si le preguntas al Espíritu Santo, que te muestre la verdad sobre quien tú eres y que vas a hacer respecto a ello. ¡Yo te digo que te arrepientas y que captures a esas pequeñas zorras antes de que sea demasiado tarde! ¡Busca en lo profundo, pide ayuda y saca los *Asuntos con Raíz*...!

Conclusión

El corazón es mentiroso sobre todo (Jeremías 17:9 NVIA). Dices que conoces a un individuo (incluyéndote a ti mismo), sólo para descubrir que realmente no es así. Sólo DIOS conoce el corazón y que raíces hay en el. Por favor, no digas que te conoces a ti mismo; escucha y obedece las señales de peligro o, antes de que te des cuenta; estarás tan enredado, sólo para encontrar que realmente no te conoces del todo.

Recuerda que puedes cortar las ramas del jardín de tu corazón, pero eventualmente volverán a crecer. No obstante, no es hasta que cortes la raíz que sabrás que todo ha terminado y que nunca volverán a crecer. Es como el cáncer, tienes que cortar todas las raíces, de lo contrario, se regará; y aun cortando todas las raíces, si no tienes cuidado, puede volver.

Si tienes una actitud de "no me importa" a cerca de estos avisos de peligro, puede que estés abriéndote a un espíritu de orgullo, egoísmo, negación o rebelión. Recuerda, si estás caminando en derrota, puede ser que no hayas decidido lidiar con las situaciones en la raíz de tu corazón. Eres responsable de lo que sabes. En la Biblia, Santiago 4:17 dice: *"si sabes lo que tienes que hacer y no lo haces, es pecado"*.

Quizás sea una debilidad o pura ignorancia pero, de cualquier manera, deja que DIOS revele tu corazón y deja que ÉL tome el control, aun en estas áreas. Se obediente. Corre la milla extra para triunfar. Recuerda: "si no hay dolor, no hay ganancia".

Mantén en tu mente que estos *Asuntos con Raíz* son sólo para exponer *algunas* cosas que necesitan ser corregidas en tu vida. Pero puede haber muchas otras cosas. También entiende que estas no son soluciones totales para tus problemas, pero pueden ser el comienzo. El proceso puede ser largo, pero entiende que DIOS está en total control de la situación. Ciertamente, ÉL quiere que tú seas libre, aun más que tú mismo o misma. Una y otra vez, he mencionado lo mucho que ÉL te quiere; piensa que el proceso es lento, pero entiende que ÉL es fiel y sólo ÉL sabe cuanto puedes aguantar y hasta donde puedes llegar. ÉL nos hace estar dispuestos y capaces de triunfar; sólo pregunta, confía y obedece. El resto, déjaselo a ÉL.

Quien soy yo en Cristo

Yo soy...

- Un hijo de DIOS... (1 Juan 3:1)
- Indestructible; incorruptible... (1 Pedro 1:23)
- Perdonado de todos mis pecados y lavado con la Sangre de Cristo... (Hebreos 9:14; Efesios 1:7)
- Una nueva creación. Lo viejo ha pasado y lo nuevo ha llegado... (2 Corintios 5:17)
- El templo del Espíritu Santo... (1 Corintios 6:19)
- Sacado de la potestad de las tinieblas y traído al Reino de DIOS/Luz... (Colosenses 1:13)
- Redimido de la maldición de la ley... (Gálata 3:13; 1 Pedro 1:18)
- Bendecido y altamente favorecido... (Gálata 3:9; Deuteronomio 28:1-14)
- Un santo; puro y santificado... (Romanos 1:7; 1 Corintios 1:12)
- La cabeza, no la cola... (Deuteronomio 28:13)
- Arriba, no abajo... (Deuteronomio 28:13)
- El que presta, no el que toma prestado... (Deuteronomio 28)
- El sano, no el enfermo... (Deuteronomio 28)
- La raza escogida; una nación de gente santificada... (1 Pedro 2:9)
- Un rey y Sacerdote o una reina y Sacerdota (1 Pedro 2:9)
- La posesión propia de DIOS... (1 Pedro 2:9)
- Santificado, sin culpa delante de Él... (Efesios 1:4; 1 Pedro 1:16)
- El elegido... (Efesios 1:4; Colosenses 3:12)
- Establecido hasta el final... (Filipenses 1:6; 1 Corintios 1:8)
- Cerca de DIOS a través de la Sangre de Cristo... (Efesios 2:13)
- Victorioso... (Revelaciones 12:11; Revelaciones 21:7)
- Libre... (Juan 8:31-36)
- Fuerte en el Señor... (Efesios 6:10; Colosenses 1:11)
- Muerto al pecado y vivo en DIOS... (Romanos 6:2-11; 1 Pedro 2:24)
- Más que un conquistador... (Romanos 8:37)
- Coherederos con Cristo... (Romanos 8:17)
- Sellado con la promesa del Espíritu Santo... (Efesios 1:13)

- En Cristo, gracias al trabajo de DIOS... (1 Corintios 1:30)
- Aceptado en Cristo... (Romanos 14:3, 15:7)
- Completo en Cristo... (Colosenses 2:10)
- Crucificado con Cristo... (Gálata 2:20)
- Levantado con Cristo y sentado en lugares celestiales... (Efesios 2:6; Colosenses 2:12)
- Libre de culpa y condenación... (Romanos 8:1; Juan 5:24)
- Reconciliado con DIOS... (2 Corintios 5:18)
- Digno para compartir en su herencia... (Colosenses 1:12)
- Firmemente arraigado, construido y establecido en mi fe... (Colosenses 2:7)
- Ciudadano con los Santos y miembro de la Casa de DIOS... (Efesios 2:19)
- Edificado en el fundamento de los apóstoles y profetas, siendo Jesús nuestra piedra angular ... (Efesios 2:20)
- Tal como Él es... (1 Juan 4:17)
- Intocable para el enemigo... (1 Juan 5:18)
- Fiel para Cristo... (Revelaciones 17:14)
- Bendecido con todas las bendiciones espirituales... (Efesios 1:3)
- Su discípulo, comprobado por mi amor por otros... (Juan 13:34-35)
- La sal de la tierra... (Mateo 5:13)
- La luz del mundo... (Mateo 5:14)
- La rectitud de DIOS, por el sacrificio de JESÚS ... (2 Corintios 5:21)
- Participe de la naturaleza Divina de DIOS... (2 Pedro 1:4)
- Justificado por Fe, a través de Su Sangre... (Romanos 3:24; 5:1)
- Santificado... (Juan 17:17)
- Perfeccionado a través de su único sacrificio... (Hebreos 10:14)
- Previamente conocido por DIOS... (Romanos 8:29)
- Llamado de DIOS... (2 Timoteo 1:19)
- Las primeras fruta entre SUS creaciones... (Santiago 1:18)
- Escogido por Jesús... (Juan 15:16)
- Un embajador de Cristo... (2 Corintios 5:20)
- Precioso para DIOS y tan valioso como la pupila de Sus ojos... (Deuteronomio 32:10; Salmos 17:8)
- Sanado por las heridas de Jesús... (1 Pedro 2:24; Isaías 53:6)
- Siendo transformado a su imagen... (2 Corintios 2:18)
- Amado por DIOS... (Juan 7:23; 16:27)

- Un vencedor... (1 Juan 5:4)
- Escondido con Cristo en DIOS... (Colosenses 3:3)
- Un receptor de todo lo que pido con fe... (Lucas 11:10)
- El que encuentra todo lo que busca con fe... (Lucas 11:10)
- El que entra por las puertas que DIOS abre, cuando toco con fe... (Lucas 11:10)
- Compañero de trabajo con DIOS... (1 Corintios 3:9)
- El campo de DIOS... (1 Corintios 3:9)
- La edificación de DIOS... (1 Corintios 3:9)
- Una piedra viviente y casa espiritual... (1 Pedro 2:5)
- Una carta de recomendación de Cristo... (2 Corintios 3:1-3)
- Un ministro del Nuevo Pacto... (2 Corintios 3:6)
- Glorificado... (Juan 17:22)
- Revelado y abierto, sin nada que ocultar debido a la gloria que Él derrama a través de mí... (2 Corintios 3:16)
- Uno con Cristo y mis compañeros creyentes... (Juan 17:21-23)

Yo tengo...

- La vida de Cristo como mi vida... (Colosenses 3:4)
- La mente de Cristo; mi mente es renovada diariamente... (1 Corintios 2:16)
- Una herencia que nunca menguará... (Efesios 1:11; 1 Pedro 1:4)
- Acceso al Padre a través del Espíritu Santo... (Hebreos 4:16; Efesios 2:13)
- Una vida eterna... (Juan 5:24; 6:47)
- La paz de DIOS, que sobrepasa todo entendimiento humano... (Juan 14:27; Filipenses 4:7)
- El poder que levantó a JESÚS de entre los muertos... (Efesios 1:19-21)
- El Altísimo en mí... (1 Juan 4:4)
- Todo aquello que pertenece a la vida y a lo divino... (2 Pedro 1:3)

Confesión Personal...

- **Yo tengo...**
- El poder de Jesús...
- El nombre de Jesús...
- La autoridad de Jesús...
- La Sangre de Jesús...

- Confesiones positivas…
- Gran sabiduría, conocimiento y revelación…
- Prosperidad, según mi alma prospera…
- Dinero que viene del norte, sur, este y oeste…
- Gran denuedos/osadía, no tengo miedos…
- Gran favor…
- Gran fe que mueve montañas…

Más confesiones para mi alma…

- Mi familia camina unánime con DIOS…
- Aprendemos a comunicarnos…
- Nos amamos los unos a los otros…
- Estamos unidos en armonía y paz…
- Mi matrimonio está bendecido o mi futuro matrimonio está bendecido…
- Mis hijos están bendecidos…
- Todo lo que toco prospera…
- Pongo las manos sobre los enfermos y sanan…
- DIOS me hace dispuesto y capaz…
- Soy obediente…

Por favor, siéntete en la libertad de añadir tu propia lista de confesiones

Herramientas de lectura para que adelantes tu crecimiento

La Santa Biblia – Holy Bible

Encubierto - UnderCover
John Bevere

Yo Y Mi Gran Boca – Me & My Big Mouth
Joyce Meyer

Cerdos en el Sala- Pigs in the Parlor
Frank Hammond

Aprobando la Adicción
Joyce Meyer

He Motions (para los hombres)
T.D. Jakes

No más Sábanas- No More Sheets
Juanita Bynum

Hazte Millonario a la Forma de DIOS- Become a
Millionaire God's Way
C. Thomas Anderson

DIOS Rico, DIOS Pobre- Rich God, Poor God
John Avanzini

Portador de la Armadura, Volumen 1 y 2 – Armor Bearer
Terry Nance

La Batalla de Todo Hombre
Arterburn & Stoeker con Yorkey

Hombre Fuerte es Su Nombre
Drs. Jerry y Carol Robeson

Secretos de la Profecía
Kim Clement

Para contrataciones de la Autora

Para contactar a Mayra León, escribe al:

PO Box 10768
Brooksville, Florida 34603

O envía un correo electrónico (e-mail) a:
rootissues7@yahoo.com

Visite a
www.JesusCares7.com
www.mayraleon.org